中外巨人传

米　芾

张荣玉　著

辽海出版社

图书在版编目（CIP）数据

米芾 / 张荣玉 著. —沈阳：辽海出版社，2014.8
（中外巨人传）
ISBN 978-7-5451-3044-7

Ⅰ.①米… Ⅱ.①张… Ⅲ.①米芾（1051～1107）—传记
Ⅳ.①K825.72

中国版本图书馆 CIP 数据核字（2014）第 167232 号

责任编辑：柳海松
责任校对：顾　季
装帧设计：马寄萍
—————————————————
出 版 者：辽海出版社
　　地　　址：沈阳市和平区十一纬路 25 号
　　邮　　编：110003
　　电　　话：024-23284473
　　E-mail:dyh550912@163.com
印 刷 者：天津海德伟业印务有限公司
发 行 者：辽海出版社
—————————————————
幅面尺寸：165mm×230mm
印　　张：11
字　　数：111 千字
—————————————————
出版时间：2016年5月第1版
印刷时间：2019年1月第2次印刷
定　　价：25.00 元

•目 录•

引　言

公元960年，赵匡胤发动了"陈桥兵变"，建立了宋朝（北宋），定都开封。赵匡胤被称为太祖皇帝，自此以后，宋王朝一鼓作气，相继灭后蜀、南唐、北汉，结束了五代十国封建割据的局面。

建国之后，宋太祖励精图治，偃武修文，集兵权于中央，实行文治，以休养生息。自此，"重文轻武"也成了北宋统治者一贯遵循的基本国策。往后三百年间，宋代皆实行"文治"，宋朝经济、文化进入了高速发展阶段。开封成为了全国政治、经济、交通、文化的中心，宋朝也成为了中国古代历史上经济和文化最繁荣的时代。

北宋时期，面对唐代辉煌的艺术成就，宋代的文人在感叹难以企及的同时，也力求能有所突破。当时，学术风气较为自由，涌现出了一大批艺术成就颇高的文士。生活在北宋中后期的米芾，以书法和绘画显名于世，代表了北宋书法和绘画的最高水平。

米芾是北宋著名的书法家，与"苏轼、黄庭坚、蔡襄"一起并称为"宋四书家"。他是一个文学全才，善诗文，精鉴赏，书画自成一家，开创了独特的写意画风，世称"米氏云山"。他终身致力于收藏书画，集书画家、鉴定家、收藏家于一身。他的书画创作和收藏，对后世产生了深远的影响。

米芾平生于书法上最下功夫，他的书法"集古字"而"出新意"，体势骏迈，变化多端，沉着痛快，于"宋四书家"中独树一帜，首屈一指。米芾的书法，隶、篆、草、行书各体皆有所成，其中以行书成就最大。南宋以来，学米书、刻米帖成为一种风尚，其作品流传广泛，对后世影响深远。

米芾的画作几乎全部散佚，不存于世，但他创造的"米氏云山"，深深影响了中国的绘画史。他完全摒弃写实画风，开创仅以水墨点染的画法，只求"意似便已"。这是中国绘画史上的一次重大转折，开创了文人写意山水的画风，意义重大。

除了书画创作，米芾还是一位大收藏家，一生醉心于收藏书画名迹。在徽宗朝时，他曾担任书画学博士，负责内府收藏的鉴定。米芾具有很高的鉴定书画的能力，再加上眼界宽广，收藏的作品不仅数量众多，而且品质优良。他的著作《宝章待访录》《书史》《画史》等，是后世鉴赏书画的必备用书，影响深远。

米芾的诗文在当时得到了王安石、苏轼等人的大力称赞，作《山林集》一百卷。只是宋室南渡后，《山林集》中的大部分诗文都散佚了，后人辑佚了他的诗文作品。从现存的诗文来看，成就很高，其中，山水景物诗更是达到了一定的高度。

米芾因"母荫"入仕，一生都因为出身遭人嘲笑，在仕途上也郁郁不得志，一直居于下位。怀才不遇的他举止疯癫，放浪形骸，好着奇冠异服，咏石为兄，而且有严重的洁癖，人送外号"米颠"。为了生活，米芾不得不奔走于权贵之间，以求在激烈党争的夹缝中获得一丝生存的机会，他宣称"不入党与"，与两党的人物都有来往，但绝不与贪官豪吏同流合污，终身生活贫苦。

米芾初名"黻"，四十一岁时，为了掩饰出身，改名"芾"，此书中为了避免混乱，统一用"芾"。本书试图通过有限的历史资料，结合北宋的时代背景，对这位生活困顿的天才艺术家的一生进行梳理，并对他的艺术创作思想、实践做一个简单的汇集。

一、米芾的生平

1. 米芾的家世

　　米芾，字元章，号襄阳漫士、海岳外史、鹿门居士。祖籍山西太原，后徙居湖北襄阳，有"米襄阳"之称，后定居润州（今江苏镇江）。米芾出生于宋仁宗赵祯皇祐三年（1051），大约逝世于大观二年（1108）。米芾是与黄庭坚、苏轼、蔡襄齐名的"宋四家"之一，四人合称为"苏黄米蔡"。米芾初名黻，四十一岁时才改名为"芾"。"黻"，本义是古代礼服上青黑相间的花纹，所以米芾字"元章"。"黻"字与官服有关，据刘向《说苑》："士服（穿）黻，大夫（服）黼。"也就是说，"黻"是士族所穿的衣服，"黻班"是指在宫廷中身穿黻衣的朝班行列，后用来指显贵的地位，"黻冕"指古代大夫以上祭祀时所穿的礼服。米芾的父亲给他取名为"黻"是有深刻寓意的，是希望他能穿上"黻衣"，戴上"黻冕"，位列"黻班"，期冀他的仕途能一帆风顺，飞黄腾达。然而愿望虽然美好，现实却不那么尽如人意。首先从米芾的出身看起。

　　虽然米芾终身为文职官员，但他却出身在一个武将世家，他

的祖先几乎都是武将。

米芾的先祖源于奚族，奚和契丹都出自于鲜卑的一支，原是北方的游牧民族。米芾的五世祖米信，原名海进，年轻时骁勇善战，擅长射箭。周太祖郭威即位后，米信被编在护圣军。后来跟随柴荣征讨高平，立下战功，升为龙捷散都头。宋太祖赵匡胤统领禁兵后，米信被留在军中，追随其左右，并成为宋太祖的心腹，此时改名米信。宋太祖登基后，补任米信为殿前指挥使，升任直长。在平定扬州时，米信拿着弓箭侍奉在宋太祖身边，敌方有一个散骑兵即将接近宋太祖的车驾，米信一箭射过去，敌军即中箭倒地，解决了宋太祖的威胁。米信因战功显赫，深得宋太祖信任，升任殿直指挥使。开宝元年（968），米信被改任为殿前指挥使，兼任郴州刺史。此后，米信又担任了彰化军节度使，彰武军节度使等官职。米信打仗时非常勇敢，甚至能以一敌百。在征伐幽蓟时，他以区区几百人抵御敌军，在被重重包围的情况下，米信指挥身边的百余骑兵大声呐喊，杀死了几十名敌人，让敌人胆寒退却，米信得以突出重围，其作战能力令人震惊。让人震惊的不仅仅是他的勇敢无畏，而且是他为了国家不惜牺牲自己的利益，甚至置亲人的安危于不顾。

宋太宗年间，米信时任保顺军节度使，当时他的亲属都住在塞外，他的侄子米全从朔州跑来投靠他，米信接见他后，也想伺机把其他亲属接过来。然而，边境侦察兵守卫严格，过了一年，米信也无法将他们接过来。此事成了米信的心头痛，他面向北面痛哭，感慨道："都说忠孝不能两立，我现在正在以身殉国，哪还能顾及到亲戚呢？"并诫令子侄们不要再提这件事。米信对朝廷非常忠心，为了国家大义，甚至无法兼顾亲情，但是在战场上勇猛的米信，在管理治所时，就显得野性未除，野蛮残酷了。

米信虽然骁勇善战，但却是一介武夫，大字不识几个，专横跋扈，为人刻薄，到了晚年尤甚。为了逃避关税，他将自己私人买的绢谎称是官府购买的；在任判左右金吾街仗事时，对很多无罪的吏卒进行鞭打；强行购买人口和货物；为了安葬自己的妻子，米信甚至挖掉了居民的坟墓。他不仅残暴地对待管辖地的人民，对自己府上的人也相当苛刻。他的家奴陈赞年纪大了，又生了重病，米信竟然用鞭子将他活活打死，残忍至极。米信因此事被告发，并送给御史审讯，他对此事供认不讳。此事还未上报，米信就去世了。米信去世的这一年是淳化五年（994），享年六十七岁，他被追赠横海军节度使，之后，他的儿子米继丰，任内殿崇班、门合门祇候。总的来说，米芾的祖上多担任武将，米芾的父亲虽为武官，但喜爱儒学及书画艺术。

米芾的父亲，名佐，字光辅，在朝中担任的也是军职，曾在淮州做过著名将领余靖的僚属，官至左武卫将军一职，赠中散大夫、会稽（县）公。米芾《书史》云："濮州李丞相家多书画，其孙直秘阁李孝广收右军黄麻纸十余帖，……后有先君名印，下一印曰'尊德乐道'。今印见在余家。先君尝官濮，与李柬之少师以棋友善，意以奕胜之，余时未生。"由此可知，在米芾出生之前，米芾的父亲曾经在濮州做官，以棋会友，喜爱书画艺术，并且精于鉴赏。从米佐给米芾所取的名字"黻"中，可以知道，米佐还是很有文化底蕴的。米芾的先祖多为武官，从米芾的父亲，开始亲儒嗜学。米芾的父亲"亲儒嗜学"是有原因的：宋代，为了国家安定和权力的集中，从宋初的"杯酒释兵权"开始，统治者一直推行重文抑武的政策，文官受到更多的重视，武官则被人

所轻视。米家世代为武官，祖上的武功，在当时已经不足以作为家族荣耀了，将门的"不知书"反而备受歧视。可想而知，米芾的父亲自然受到了很多白眼，米佐"始亲儒嗜学"，也是为了赢得更多的尊重，提高社会地位。

米芾自幼受好读诗书，从小受到良好的教育，加上天资聪慧，六岁时就能背诗数百首，八岁开始学习书法，十岁摹写碑刻，就小获声誉。据翁方纲《米海岳年谱》载："五年庚子，手帖云：余年十岁，写碑刻，学周越、苏子美札，自成一家，人谓有李邕笔法，闻而恶之。"说的就是米芾小时候学习周越、苏舜钦的字，并练成了自己的笔法，十岁写的碑刻，就能有李邕笔法的味道。

米芾进入朝中做官与他的生母有关。米芾的母亲阎氏（非嫡室），是为宋英宗赵曙的皇后高氏接生的稳婆，也是高氏之子——宋神宗的乳娘。据记载，米芾"自宋治平四年（1067）随母阎氏离乡到京都汴梁，其母内廷侍侧英宗高皇后，他自然邀幸得迁，……"（邹演存《米公祠及米芾族裔脉源考》）宋神宗继位后，因不忘米芾母亲阎氏的乳褓旧情，将米芾补为殿侍，后登进士第，并于熙宁四年（1071）恩赐米芾为秘书省校书郎，米芾的仕途自此开始。

虽然说，名义上，米芾的入仕是承蒙父亲的功劳，但实际上，米芾的仕途从一开始就是因为母亲而获得恩荫的。在宋代，异族、武职侍从和后宫产媪等家庭背景，是被士大夫所鄙视的。米芾既是异族武官之后，又是皇帝乳娘的儿子，因为这两层背景，米芾一直被看不起。因此后来米芾将自己的姓氏说成是中原楚国后裔，不愿承认自己的出身。

米芾为了掩饰自己的身世背景，将自己的姓"米"字与"芈"

字相联系，自称是楚国芈熊的后裔，这样一来，他的先祖就可以追溯到上古帝喾的火正官吴回。据《史记·楚世家》记载："吴回生陆终。陆终生子六人，诉剖而产焉。其长一曰昆吾，二曰参胡，三曰彭祖，四曰会人，五曰曹姓，六曰季连，芈姓、楚其后也。"鬻熊是季连的后裔，周成王时，封鬻熊的后人居于楚。"楚系出芈姓，祝融之后，周文王鬻熊受封于楚，后为氏。"（《通志·氏族略》）米芾将自己的先祖与汉族历史联系起来，自号为"鬻熊后人""火正后人"，以此来掩饰自己少数民族的出身。

虽然米芾千方百计地掩饰自己的身份，后来改名字也与此有关，但是世人并不相信米芾是楚国"芈"氏的后裔，后来多以其出身弹劾米芾，可以说出身冗浊的阴影一直笼罩着米芾，对他的仕途、性格、心理都造成了极大的影响。米芾颠狂的性格也与其奚族先祖的出身及以其母的恩荫入仕有莫大的关系。

2. 初入仕途，远赴南方

熙宁四年（1071），时年二十一岁的米芾未经科举考试就被"荫补"为官，名义上是因为父亲的功绩，实际上是"荫"母恩。

"荫补"又被称作恩荫、任子、门荫等等，现在一般习惯称为"荫补"。"荫补"是指封建制度下，由于祖辈、父辈的地位或功劳而使得子孙后辈在入学、入仕等方面享受特殊待遇，它是中国上古时代世袭制的一种变相和延续。世袭制与科举选官制度、九品中正制共同构成了中国古代选拔官员的三大主要制度。"荫补"官员作为世袭制的一种变相，在中国封建社会长期存在，而尤以宋代最甚。在宋代，尽管通过科举录取的官员很多，但远不能与官员子弟通过荫补入仕为官的人数相抗衡，"荫补"成为官员的

主要来源渠道。

宋神宗继位后，任用王安石等人推行"新法"，对科举制度进行了修改。熙宁四年（1071），"（宋神宗）立选人及任子出官试律令法"。（《续资治通鉴》卷六十八）将"任子出官法"中"任子"的规定年龄由二十五岁提前到二十岁。时年二十一岁的米芾，正好遇此大好政策，在参加了"铨试"后，得以补官。（"铨试"是对"荫补"官员所设的考试。考试很简单，"试律令法"即可。）

虽说"荫补"官员可以轻易通过"铨试"和"呈试"入仕，但他们属于无出身的人，地位远低于科举出身的官员，仕途也受到限制，往往担任下层官员，与上层紧要的职位无缘。"荫补"为官的米芾的坎坷仕途经历，正是宋代"荫补为官"的典型。

1071 年，米芾初入仕途，他被授予秘书省校书郎，出为浛光县尉（今广东英德）。当时的广东属于偏远的南方之地，离政治中心开封较远。秘书省校书郎相当于正九品，浛光县尉就是浛光县级长官的副手。由此可见，"荫补"官员的职位较低，且受到各种限制，这也决定了米芾仕途坎坷的命运。

熙宁四年到熙宁七年（1071~1074），米芾担任浛光县尉。这三年中，米芾游览了地处英德石牯塘镇的尧山，现在被称作八宝山，有名的天门沟景区就位于八宝山上。天门沟景区属于 355 万平方公里的石门台自然保护区的实验区域，自然风光优美，历史悠久。天门沟景区分为九站一廊等十多个著名自然景观，全程5000 米，步级 1 万余级，需要登高 800 多米，让人真正体验和谐而又野性的原始风光。尤其是沟内的层级瀑布更是非凡的景象，其中最壮丽的要数第八站天门大瀑布，单级落差达 136 米，为广

东省之最。整个天门沟由满目青翠、鸟语花香的原生态森林和直流而下、激情飞跃的瀑布组成，鸟语声、瀑布声以及风吹过山林的声音，共同合奏成大自然最美妙的乐章。面对如此动人的山色，米芾怎能不动心！米芾在游览尧山时写下了"信矣此山高，穹窿远朝市。暑木结苍阴，飞泉落青翠。"的诗句，形象生动地歌咏了尧山之美，不仅远离都市，而且山清水秀，绿树成荫，瀑布飞一般地扎入青翠的山林里。"飞泉落青翠"与"飞流直下三千尺，疑似银河落九天"有异曲同工之妙，不仅生动地反映出尧山秀丽的自然风光，也为世人描绘了一幅远离都市、古朴而又秀美的自然风光画卷。

熙宁六年（1073），米芾在药洲的九曜石上题字。九曜是"九星"的意思，九曜石据说有九块巨石，但现在能看到的就只有一块了，因此也有说"九"不是确指，只是表示"多"的意思。米芾在仙掌石留下了五绝诗一首："碧海出蜃阁，青空起夏云，瑰奇□怪石，错落动乾文"写出了九曜石的错落有致。

熙宁七年（1074），米芾迁为临桂尉（今广西桂林），仍处偏远之地。但好在"桂林山水甲天下"，对于喜爱游山玩水的米芾来说，也不失为一桩美差，桂林的奇山秀水为米芾的生活增添了许多乐趣。

上任这年的五月，米芾便与潘景纯一起游玩了桂林的伏波岩（即龙隐岩）。伏波岩，顾名思义，就是伏在波涛上的山岩。伏波岩西枕陆地，东临漓江，因其遏波伏澜之势而得名。看到孤峰突起的伏波岩，米芾很是欣喜，不仅题字"米黻、潘景纯同游，熙宁七年五月晦"，而且还留下了自画像。米芾在做临桂县尉时，正

值 24 岁，风华正茂，上述留在伏波山还珠洞里的寥寥数语是其留在桂林的唯一书法真迹，留下的那幅自画像也影响深远。据翁方纲《米海岳年谱》记载："此厓间有米老画像，子友仁书，赞下有方信孺记云……"米芾在桂林游玩 141 年后，方信孺来桂林任职，在还珠洞中看到了米芾的真迹，很是赞赏。当时，米芾的曾孙米秀正巧在方信孺那里担任幕僚，而米秀的手里正好有米芾的自画像，方信孺就从米秀那里借来了这幅自画像，并将此画像刻在米芾还珠洞米芾题名右边，并在画像下面写下了《宝晋米公画像记》来记述此事。在米芾游玩伏波山一百多年之后，后人还如此看重他的书法和画像，可知，米芾的真迹和自画像对后世文人产生了不小的影响。

从洺光县尉始至临桂县尉终，米芾在南方做官共五年。这五年，虽地处偏远的南方，并且担任的都是低微的官职，但年轻的米芾此时并没有太多想法，对官场的险恶也还没有特别深的体会。在任期间，他利用闲暇时间游玩了周边的一些地方，创作了一些画作，并且他的长子米友仁也在他二十四岁，也就是熙宁七年（1074）时出生了。从年轻的时候，米芾性格中喜爱游山玩水的一面就已慢慢显现出来了。

3. 离开南方，得长沙掾

担任临桂县尉仅一年之后，米芾得长沙掾（"掾"为州郡僚佐之属，分管户籍、赋税、刑断等事），后来成为了荆湖南路安抚使谢景温的幕僚。

熙宁八年（1075）十月，米芾在赴长沙掾任途中，经过湖南祁阳的浯溪，创作了五言绝句《过浯溪》，并在浯溪石上题字曰：

"米黻南官五年，求便养，得长沙掾。熙宁八年十月望，过浯溪。"（翁方纲《米海岳年谱》）米芾在南方做官五年后，因为家中父母需要照顾，便以赡养父母为由，请求就近任职。当时，米芾的祖父与嫡母（父亲米佐的正妻）在襄阳安家，米芾请求就近照顾家人的要求得到应允，被授予长沙掾。

米芾从二十五岁来到长沙，直到他三十一岁，整整六年，一直在长沙掾任上。在这几年中，在处理完政事的空闲时间，他四处游玩，足迹遍布楚地湘水。法华台、道林寺是他经常去的地方，并且在这些地方留下了许多诗作。除了经过浯溪时留下的五言绝句《过浯溪题壁》，还有《道林》《法华台》等诗，记录了米芾工作之余，享受生活，悠闲舒适的情怀。除了诗歌创作，米芾还致力于书法的创作，他在道林寺看到了欧阳询的《沈传师诗碑》，喜爱非常，便从道林寺借出，拿到书斋临摹学习了半年。半年之后，米芾实在是太喜爱了，以至于拿着诗帖，开船就逃跑了，直到被官府追还。历经长时间的学习，米芾也得到了很多成果，《三吴帖》《道林寺帖》《法华台诗帖》《砂步诗帖》都是他在长沙留下的书法真迹。

元丰三年（1080）正月初一，米芾便与广慧道人一起去游览了湖南有名的岳麓寺，并在李邕《麓山寺碑》侧题名。李邕碑是唐开元年间，当时的名臣李邕所作的《麓山寺碑》，又名《岳麓寺碑》。此碑位于岳麓书院的右侧，由李邕撰文并书，"及江夏黄仙鹤刻，号'三绝碑'"。"三绝"即文、书、刻工艺精美，各为一绝，号称"三绝"。据《湖广通志》第七十九卷记载："宋米芾题碑阴十余字云：'襄阳米黻同广惠道人来，元丰庚申元日。'"因为米芾的题名在碑的侧面，现在已砌入壁内，罕为人知。这一年，

米芾三十岁，他烧毁了自己之前所作的所有诗文。据曾敏行《独醒杂志》记载，"年三十，为长沙掾，尽焚毁已前所作，平生不录一篇投王公贵人。遇知己，索一二篇则以往。"米芾的诗文不蹈袭前人，诗文都坚持自己的风格。而且，他作为文人，骨子里的傲气也使得他从来不曾将自己的作品赠给达官显贵。北宋好文，若他将诗作寄与权要，一旦得到赏识，是有可能找到一条上升的捷径的，可是，年轻的米芾，此时还不想或者说不屑于这样做。只有遇到知己索要自己的作品，才会给朋友一两篇。三十岁这年，青年的米芾可能是因为对之前的作品不太满意，因此将之前的作品尽数烧毁。

在米芾在长沙任职期间，朝堂之上发生了一件大事，这就是"乌台诗案"。元丰二年（1079），苏轼改任徐州、湖州两个州的太守。当时官员赴新任都要向皇帝呈上谢表，所以，上任之后，苏轼按照惯例向宋神宗呈递《湖州谢上表》，由此惹下了一生的祸端。

苏轼是一个直肠子，性格直率，若心有所累，则不吐不快。苏轼一直反对"变法"，对"新法"有诸多不满，在《湖州谢上表》中，除了向皇帝表示感谢之外，他还将这种不满情绪表达了出来，他写道："臣……荷先帝之误恩，擢至三馆，蒙陛下之过听，付以两州。陛下……知其愚不识时，难以追陪新进；察其老不生事，或能牧养小民……"他向皇帝说："您知道我愚笨，不识时务，怕我入朝与那些新派人物搞不好关系。但您知道我是一个老实本分的人，也许在远离朝廷的州郡治理百姓还能胜任。"字面上看起来很谦虚，实际上"生事"一词，是保守派攻击变法派的习惯用语，因此，表中透露出来的对那一批在推行新法时投机

钻营的"群小"的攻击是不言而喻的。当时，虽然推行变法的领袖王安石当时已经辞去了相位，参知政事吕惠卿也被罢免，但"新党"仍然主导着朝政。"生事"等字眼深深刺痛了那些身居高位，谋取私利的"小人"，他们当然会借机报复。第一个站出来检举苏轼的是御史里行何正臣，紧接着是王安石的学生李定，他们摘取了苏轼《湖州谢上表》中的词句，指责苏轼毁谤新政并将其逮捕。在何正臣、舒亶、李定等人的百般陷害下，宋神宗无奈之下，将苏轼交给御史台，由李定为首的"根勘所"负责，在"根勘所"的两个月里，苏轼受尽了各种折磨和屈辱，他们对苏轼近年来写的一些诗词，加以曲解、牵强附会罗列罪名。最终，李定等人给苏轼定了四大罪状，请旨宋神宗处死苏轼。李定等人其实是下决心置苏轼于死地，这让宋神宗很为难，苏轼虽有错但罪不至死，后来，朝中的一些正直之士站了出来，"新党""旧党"的人员都为苏轼求情，并设法营救他，最终，宋神宗宽待了苏轼，将其发落到黄州担任团练副使，苏轼得以死里逃生。这就是历史上有名的"乌台诗案"。

"乌台诗案"实质上就是一次文字狱。但这次文字狱被贬谪的并不只是苏轼，与苏轼交好的一帮朋友悉数被牵连，司马光、苏辙、王诜、李清臣、张方平等二十二人被牵连。"乌台诗案"是苏轼仕途的一次转折点，也是他思想的一次转折点。被贬到黄州后，苏轼不再像以前那样笔锋尖锐，以自己的笔为武器来讽刺严苛的朝政，而是变得谦和淡然，慢慢向"禅"靠近。然而，苏轼被贬去黄州，为米芾、苏轼相识提供了可能，两人的首次相识正是在黄州。

4. 东南之游，拜访苏、王

元丰四年（1081），米芾从长沙掾任离职，此后，开始了他的"东南之行"。时年三十一岁的米芾，正当壮年，意气风发，对前途满怀憧憬。"东南之行"应为谋职而去，但行程中他结交的朋友，游览的山川，寻访到的碑刻，让此次远行独具光彩。

他首先向南到达广东惠州，拜访了从天竺远道而来的净惠大师，并于净惠大师处见到了苏轼书写的《海月像赞》。苏东坡的书法遒劲有力，米芾见了很是欢喜，灵感大发，立即要来了纸和笔，奋笔疾书，作《书海月赞跋》。他认为自己的书法并不能与苏东坡"并驾"，他只是以此来表示对苏东坡书法的喜爱之情。由此可见，米芾早已对苏东坡这位大文豪仰慕已久，见到了其书法，更是敬佩，这也为后来两人的深厚友谊埋下了伏笔。

南行之后，米芾转而北上。十月，米芾游览了庐山的东林寺，参观了多处"虽乏笔力，皆真率可爱"（米芾《书史》）的唐代裴休题寺塔。他在李邕《东林寺碑》侧题字："四年辛酉，三十一岁，《题庐山东林碑》云：'十月十六日，楚国米黻。'"（注：米芾当时还未改名，因此题字上为"黻"）

第二年（元丰五年，1082）正月，米芾途经山阴（今浙江绍兴），与当时的著名画家李公麟相遇，两人一见如故，聊得十分投机。米芾提起曾见过的南唐画家顾闳中的《山阴图》。此图中，东晋四贤同游山阴，姿态神情各不相同。李公麟根据元章所述，乘兴画了一幅《山阴图》赠与米芾。素来狂放的米芾对李公麟的画是相当认可的，在《画史》中，米芾说"李公麟病右手三年，余始画"。李公麟于元符三年右手麻痹，而元符三年，米芾已经50

岁了。因此，这种说法不乏夸张的成分，但从中我们也能看出米芾在绘画方面，对李公麟的敬意。在《画史》中，米芾也谈到自己后来也画过《山阴图》，自挂斋室。

这一年，以书名显于世的米芾得到了青龙监（青龙镇，今在上海）的职务，其现存的著名书法作品《吴江舟中诗》就作于此时。但青龙监职位很低，远不能满足米芾的雄心壮志，任职半年左右就离职了。就在这年的秋天，米芾终于见到了仰慕已久的苏轼。

元丰五年秋天，米芾转道黄州，而苏轼此时正因为"乌台诗案"被贬作黄州团练副使。在黄州时，苏轼带领家人过上了躬耕陇亩的生活，并在黄州新建了屋舍，命名为"雪堂"。就是在"雪堂"，米芾拜谒了苏轼。虽然两人相差十五岁，却毫无隔阂，相谈甚欢，颇有些相见恨晚的感觉。两人不仅一同鉴赏了东坡珍藏的吴道子画像，而且苏东坡还即兴作了一幅《枯树竹石图》赠与米芾，交流画技。米芾也从苏轼画竹、画石中，学到了苏轼不一样的作画理念，这对米芾一生绘画的创作都产生了极大的影响。苏轼还把几位朋友介绍给米芾，这其中有驸马都尉王诜、太守徐大受等人。王诜能诗善画，与米芾一直保持交往，后来还将苏轼赠与的《枯树竹石图》借走未还。

这次黄州会面，对米芾的书法、绘画思想都影响深远。在这次见面中，苏轼告诉米芾要学习晋人书风，米芾接受了他的书学观点，自此"始专学晋人，其书大进"（翁方纲《米海岳年谱》）。此后的几十年，两人一直保持着深厚的友谊。可以说，在苏轼与米芾的交往中，年长十五岁的苏轼充当了米芾引导者和提携者的角色，为米芾指明方向，使其在创作中少走了弯路，朝着正确的方向前进。而且，对于米芾的创作，苏轼都给与鼓励和夸奖，后来米芾在文人之中，声名大显，与时任文坛领袖的苏轼的提携是分不开的。

元丰六年（1083），江宁知府刘庠聘任米芾为金陵从事，米芾因此前去金陵，可是，等米芾到达金陵（今江苏南京）时，刘庠却因举荐人贪赃而被牵连贬官。米芾任职之事因此不了了之。求职不成，米芾转而去拜访了另一位文坛领袖——王安石。

据翁方纲《米海岳年谱》记载："六年癸亥，《萧闲堂记》云：'仆元丰六年赴希道金陵从事之辟，会公谪，不赴，始识荆公于钟山。'"这里的"荆公"指的就是文坛另一位领袖"王荆公"——王安石。金陵从事虽未成行，米芾却得以有机会拜访王安石，也可谓是一桩幸事了。王安石是推行"新法"的领袖，官居宰相，此时，他正辞官隐居于钟山半山堂。王安石不轻易见人，米芾以诗文拜谒，王安石大为喜欢，很受感动，他不仅挑选米芾的诗句写于扇面，而且后来还亲自抄录自己的诗作寄给米芾，两人成为了好朋友。在王安石处，米芾还结交了润州同乡蔡肇，后来两人成为了挚友。

拜访完王安石后，米芾接到了杭州推官的任命。推官位居通判之下，为州府属官。当时，米芾已经三十多岁了，仍然只做到州府属官的职位，可见，米芾的仕途不太顺利。米芾任杭州推官两年的时间，闲暇时候，游山访寺，搜集名家真迹，并为不二禅师书写了由禅师本人撰文的《方圆庵记》。也是在杭州任上，米芾得到了生平的两件得意之作：一是从苏激（苏舜钦之子）处购得王献之的《中秋帖》；另一件是从沈文通的儿子那里购得了张旭《秋深帖》的真迹，这幅作品米芾已经心仪了二十多年。宝晋斋

（米芾的书斋名）的"铭心绝品"，就包括这两件墨宝。

元丰八年（1085），米芾的生母阎氏去世，根据祖制，米芾必须回乡为母亲守孝27个月（即"丁母忧"）。米芾以此离职并护送母亲的灵柩回祖籍润州服丧守孝。回到润州（今江苏镇江市），他将母亲与已去世的父亲合葬于镇江南郊黄鹤山后，便在家乡居住下来，安心为母亲服丧。

此时的米芾，已经三十五岁，人到中年了，因为一时没有住处，就暂住在甘露寺。寺庙的长老仲宣法师借用蒋之奇的诗句，将米芾居住的僧舍命名为"净名斋"。回乡服丧这段时日，对米芾来说是一段比较安定的时光，也正好给了他时间和精力将宦游十几年所收藏的书法名迹进行整理记录。他根据亲眼所见的与闻而未见的进行整理，完成后，即是著名的《宝章待访录》，这本著作记载了很多至今仍然保存的名迹，还有一些米芾想收藏的，也记录于其中，所以取名为《宝章待访录》。这本著作开书画著录的先河，是后世鉴定家必备书籍。

在米芾居丧的这段时间，政坛发生了极大的变化。元丰八年三月，宋神宗去世，神宗年仅十岁的儿子赵煦即位，是为"哲宗"，并改年号为"元祐"。由于幼主年纪太小，由神宗的母亲宣仁太后高氏以太皇太后的身份垂帘听政。高太后是一个很有政治才能的人，她临朝之后，意识到了多年的改革已经积累了很多弊端，应予以纠正。因此，她废除新法，并采取了一系列措施，努力纠正新法所带来的一系列问题；还罢黜了一干"新党"官员，并将司马光、苏轼等"旧党"人员召回朝廷，予以重用，"旧党"从此得势。高太后主政期间，力主节俭，办事公正，而且特别注意约束外戚，并严守封建妇德。因此，高太后主掌期间，朝廷风气为之一振，人人称颂她，后来甚至有人称其为"女中尧舜"。

"旧党"人员重新被起用，并步步高升，苏轼就是这其中的典型代表。以文学才能而显名于世的苏轼自被召回后连升几品，直到官居三品翰林学士，苏轼由此迎来了人生的"春天"，仕途上春风得意，而且还成为了众人钦羡的"文坛领袖"。因为米芾之前与苏轼、王安石等人都有来往，加上苏轼对米芾的作品大加赞赏。在苏轼的提携下，米芾的诗文、书画也因此在士大夫中声名鹊起，颇有声誉。

5. 赴京谋职，出师不利

元祐二年（1087），米芾"丁忧"服满，便赶赴京师谋求职位。此时，苏轼的周围已经聚集了一帮官员，形成了以苏轼为首的"蜀党"。"蜀党"当时正处于鼎盛时期，在朝中很有影响力。米芾在士大夫中已小有名气，此次来到京城，可谓如鱼得水。他频频与苏轼、苏辙、黄庭坚、李之仪等人交游，时而高谈阔论，时而观赏名迹，过得好不痛快！在这种情况下，米芾不禁心神荡漾，行为恣肆张扬，时常身着唐服，戴着高沿帽招摇过市，因而"颠"名远播。

这次在京师，米芾得以结识了很多达官显贵。驸马都尉王诜是苏轼的追随者，苏轼与"苏门四学士"等一群文人交游，往往是聚集在王诜的私人宅院，米芾当然也是座上宾。据说，有名的"西园雅集"就发生在此时。传说李公麟画了《西园雅集图》，米芾作《西园雅图记》并诗序，其真实性有待考证。

这一年七月，米芾在好友王涣之的陪同下，去往李玮府中鉴赏他收集的名作名画。李玮，是仁宗时期兖国公主的驸马爷，在宋神宗时被封为检校太师。李玮身为驸马爷，府中的收藏自然是精品众多。在李玮府中，米芾见到了两晋时期的《晋贤十四帖》，这是一本作品集，收录了两晋十四位书法家的墨迹。米芾对此一见倾心，魂牵梦萦，久久也不能忘怀，却苦于当时没有办法能够得此极品。之后，米芾一直感到遗憾，并下定决心若有机会，一定要得到此帖。十四年后，他"以命相逼"得到了十四帖的其中之一——谢安的《八月五日帖》，爱不释手，将其列为米家"藏品第一"，并因此帖将书斋命名为"宝晋斋"。详细过程在此不做赘述。

这次京师交游虽然玩得愉快，但米芾的职位却迟迟没有着落。直到年底，才得到了一个在扬州任淮南东路发运司幕僚的职位。年近四十的米芾，在来到京师之前对此次京师之行信心满满，没想到只是得到了这样一个无足轻重的职位，因此对这个案牍书史类的职位非常不满。上任后，在所作的诗歌《杂咏》中便将这种牢骚满腹的情绪展露无遗。

得官尘土古扬州，好客常稀俗客稠。掩簿叱胥无涧我，冒风踏雪作清游。

这首诗明确地透露出作者的不满，"好客"稀少，"俗客"来得却很多，还不如合上工作簿，迎着风，踏着雪去"清游"。这次任职，米芾并不十分尽心，闲暇时间，不仅临摹了《怀素帖》，还一一指出了王著选的《淳化阁帖》中的作伪之处和错误，花了很多时间和精力在书画的爱好上。来到扬州，米芾并没有收敛其"颠性"，而是更加放肆。因为他行为怪异，招摇过市，"颠狂"

的名声很快就传遍了扬州城。

自然地，没过多久，他的这次任职就结束了，米芾旋即回到了一江之隔的润州。当时在润州为官的杨杰（次公），准备了筵席招待米芾。因为米芾经常用"巧取豪夺""以假易真"的手段获得自己喜爱的书画名迹，杨次公早有耳闻，便利用这一点跟米芾开了个玩笑，成就了一段趣闻。

米芾来到杨杰这里，杨杰见了他，对他很是热情，高兴地跟米芾说："哎呀，老兄，你来的正是时候，今天，我请你吃河豚宴。"米芾一听，也很是期待。吃饭的时候，米芾一直等着河豚这道菜，然而左等右等，上的都是别的鱼，根本没有河豚。米芾一看，不太高兴了，索性不吃，把筷子扔在了桌上，一脸不满。杨杰一看米芾的样子，哈哈大笑，说道："你不用怀疑，这本来就不是真迹，而是摹本啊！"这就是"赝品河豚宴"的由来。米芾总是用摹本换取别人的真迹，没想到这次却被杨杰以同样的方式戏弄了一回。两人也算是"不打不相识"，此后，一直保持着来往。这段交情，对米芾之后的仕途也产生了一些帮助。

这次不成功的谋职之后，米芾休息了一段时间。这期间，他与朋友一起，四处游览了一些风景名胜，收集了很多藏品，并且他自己也创作颇丰。元祐三年（1088）三月，米芾与朋友陈文老、刘泾等游玩了常州、无锡等地，并在那一带停留了半年，收集了很多名人字画，如殷令名《头陀寺碑》、褚遂良临摹的《兰亭》等。这年秋天，在湖州刺史林希的邀请下，米芾前往苕溪、霅溪（今浙江省湖州市境内）游玩，美丽的景色让"米颠"诗兴大发，著名的《苕溪诗》《吴江垂虹亭》《蜀素帖》均作于此次游览途中。这次游玩，历时大半年，米芾乐在其中，度过了一段非常惬意的时光。

第二年，即元祐四年（1089），米芾改任润州（今江苏镇江）州学教授，米芾的好友林希此时也在润州任职。此时，正是"新党"一干人物失势之时，章惇、沈括等皆闲居于润州，米芾的住处"净名斋"，因风景极佳而成为朋友们聚会之所。米芾与林希等好友吟诗赋文，往来唱和，鉴赏书画，考辨碑帖，悠哉游哉，畅意至极。米芾最广为传颂的诗歌《望海楼》（全名《和孙少述润州望海楼》）即作于此时。

故乡润州对于米芾来说是个与众不同的地方，在润州任州学教授的两年，他先后建造了三处宅居，一是海岳庵，米芾的称号"海岳外史"即从此处得来。这是米芾用一块南唐后主李煜的砚山换来的宅基地，米芾在北固山下的这块空地上建造了有园有亭的海岳庵，建成后，终日在庵内写书法、绘画。二是西山书院，西山书院因依西山且临河而得名，收藏了历代书画名迹的"宝晋斋"就坐落在西山书院里。三是山林堂，位于黄鹤山，专门用来诗书画友，嬉游休息。米芾的诗文集《山林集》由此堂名而来。米芾将父母的棺木也葬于此黄鹤山中。这三处住所，占尽了润州的秀山丽水，苏轼艳羡地戏称此为"狡兔三窟"。对于米芾来说，润州是割舍不掉的地方，也是选定的自己终老的地方。到了老年，在他方做官，米芾心心所念，魂牵梦萦的依然是回到家乡润州，可惜，这个梦想，直到他去世后才得以达成。

在润州州学教授任职的两年多的时间，米芾度过了一段充实而惬意的时光，只是此时米芾的心境已经发生了很大的变化，四十岁的他已经难掩心底的失意之情了。在名作《望海楼》中，"忽忆赏心何处是，春风秋月两茫然"一句，道出了他心底那莫名的一抹忧思，一缕哀愁。

6. 二赴京城，知雍丘县

元祐六年（1091），米芾改名，由米黻改为"米芾"。此次改名，是为了掩饰自己的出身。米芾常常将名字写作"芈芾"，以将自己的出身与楚国联系起来，据他自己的说法是："芈、芾名连姓合之，楚姓米，芈是古字，屈下笔乃芾字。如三代'齐齐'，'大夫'字合刻印记之义。"这种说法很牵强，翁方纲《米海岳年谱》中已经证实这种说法不可取。学识渊博的米芾当然不会不知道"芈"跟"米"并无关系，他这样说是刻意为之，以掩饰自己的少数民族出身。

这一年，润州州学教授任期结束，米芾再次进京求职，时年已经41岁的米芾，此次进京的心情与第一次进京谋职时已大不相同。此刻，仕途坎坷，四处奔波的米芾已对官场的倾轧有了一定的体会，青年时期的豪情壮志都已被多年的仕宦经历消磨殆尽了，此时的米芾只希望能谋到一份解决衣食之忧的职位。可惜，即使是这样低的要求，米芾二次进京也并未得到满足。

元祐后期，宋哲宗已长大，开始有了自己的主见，与高太后政见上的分歧已经逐渐明显。此时的朝堂，虽仍由"旧党"的一批人物把持，但"新党"们也并未放弃，而是蓄积力量，等待机会进行反扑。这时的政坛，表面平静，实则波涛暗涌，一场暴风雨就要来临。在这样的政治环境下，米芾此次进京谋职，虽停留了较长时间，却并没有什么结果，反而让米芾对官场的人情冷暖、趋炎附势有了更深的体会。这段时间，米芾生活的比较清苦，三年没有做新衣服，心情也大不如前，这种状态米芾在《跋苏东坡木石图》中直截了当地表现出来。

　　　　四十谁云是，三年不制衣。贫知世路险，老觉道心
　　微。已是致身晚，何妨知我稀。欣逢风雅伴，岁晏未言
　　归。

　　年过四十的米芾，三年也不曾制衣，尝过了世事的艰险，体
会到了年老的壮心不再。虽然如此，好在有个知音在身边，这个
"风雅"知音指的就是同在京中的苏轼，有了这个好朋友，年末也
不打算回家过年了。只可惜，天不遂人愿，米芾最终还是无功而
返：没有谋求到任何官职，无奈地回到了润州。在返回润州之前，
他去拜访了当时的宰相吕大防，并呈上了《某顿首今日去国之官
谨成拙诗上献相公汲公钧席下执某顿首上》一诗，诗中对吕大防
大加赞颂，称颂其为朝中重臣，公正贤能，并诉说了自己怀才不
遇之感，从侧面表达了自己求官之心。仕途不顺的米芾，尽管恃
才傲物，充满傲气，但为了生计，也不得不屈于世俗，迎逢权贵。

　　回到润州之后，心情郁闷的米芾借自画像与诗歌表达了自己
烦闷的心情。在《萧闲堂诗》中就表达了自己迟暮之年有志难伸
之感，但是在诗中，诗人以兰花自喻，可见诗人此时如屈原一般，
虽然表面上迎合权要，但内心还是坚持着自己的自尊与操守的。

　　元祐七年（1092），半年的求职奔走终于有了结果，米芾被改
授宣德郎，到雍丘县（今河南杞县）任县令。虽然只是一个小小
的县令，但这次任职的地方是在开封府辖地，离京城很近。这次
任命让米芾重拾信心，打起精神，想做一个正直的好官，使辖地
政亲民顺。在米芾刚到任的例行公文中，他希望将辖地打造成一

个官民相亲，百姓丰衣足食，风气良好的地方，虽显得书生气十足，却也表现出他想努力做一个正直的好官的决心。

然而，米芾的理想太美好了，现实却往往不尽人意。在皇帝的眼皮底下做官，当然是件好事，容易做出政绩，让朝廷看到你的政治才能。然而，从另一方面来说，却也是件不好的事情，至少对不拘小节的米颠来说是个坏事。米芾素来随心所欲惯了，加上此次在京畿之地做官，心里不禁有些飘飘然，觉得自己的春天来了。好景不长，得意忘形的米芾因私自给寺庙的殿堂起名字而惹上了麻烦。米芾在游览一座古寺时，看当年真宗皇帝去亳地进行祭祀时，曾在此寺驻足，一时高兴，就为这个殿堂取名为"天临堂"，还写了篇铭文来赞颂先朝皇帝的美德，却没想到弄巧成拙。当时，担任提点开封府县镇公事的吕升卿已经明确地告知各县：若没有经过朝廷的允许，不得私自创殿立名，违者，将按例处治。米芾在此风口浪尖上"顶风作案"，闯下了大祸，差点吃了官司。幸亏昔日的布衣之交蔡京，此时已为朝廷高官。在蔡京的相助下，米芾才得以脱险。担任雍丘县令的第一年，邻县遭受了严重的蝗灾，米芾辖地却在其带领下，使用各种方法，和百姓共同驱蝗，使灾情得到了很大缓解，还算是得到了较好的收成。心情大好的米芾，作了《岁丰帖》表达自己高兴的心情。甚至在面对邻县县令的责问时还幽默了一番，这就是历史上有名的《驱蝗诗》。

只可惜好景不长，第二年，雍丘县也发生了蝗灾，夏收之后，雍丘县仍是歉收，到了冬季，村、里、乡逐级统计上报缺粮断炊户数。米芾随即上书朝廷，说明雍丘县目前缺粮状况，奏请上方给予雍丘县赈济，哲宗答应给予雍丘县以赈济。于是，雍丘衙门开始准备开仓放粮，规定大人和小孩的斤数，大人按月二十斤，小孩十斤。朝廷还另外派了官吏监督雍丘县衙放粮，米芾每日还得安排美酒佳肴招待他们。然而另一方面，因为去年是丰年，催征夏税的官吏也是每天都来，责令雍丘县衙缴纳夏税。面对朝廷一边赈灾一边催租的情况，米芾作为父母官，上书为百姓请愿，甚至与常平官据理力争，希望能延缓上缴租税。这件事最终闹到了朝廷，米芾写了奏章请求对雍丘县两税给予减免，但迟迟都没有回复。米芾无奈之下，愤怒地辞去了雍丘县令之职。

这次挫折也让米芾深刻地体会到了自己人微言轻，官场是如此无情，他作为一方县令，连为百姓说句话都无能为力。因此事而作的《催租诗》是他心中愤懑之情的抒发，与白居易的《卖炭翁》有异曲同工之妙，诗中也透露出了想以"图书老此生"的愿望。这件事彻底地打击了米芾当一个"好官"的信心，也使他对官场的险恶有了充分的认识，他知道自己既做不到特立独行，成为一个正直的小官，也不愿意与那些酷吏同流合污，做豪吏的帮凶。因此，他转变了为官态度，力图在两种选择之间找到一个平衡点。此后，他愈加颠狂随意，希望以此来保护自己，他整日沉溺于搜集书画，游山玩水，处理政事的态度也由希望大有所为变成无为而治。可见，这次挫折对米芾的打击是相当大的，可以说是他为政态度的一个转折点。

辞官之后，米芾乞请做监庙，得到了中岳嵩山崇福宫的监庙一职。临行前，他作了两首五言诗与吕大防辞行。诗中提到自己家贫入仕，做不了一个好官，也不愿同流合污，只能做一个散漫的官员，其中的诗句"常贫须漫仕"应该就是米芾别号"襄阳漫士"的来源吧。米芾并不只是说说，发发牢骚而已，在后来的为官过程中他也真的是散漫随意，率性而为。在涟水任上，米芾将这种"无为而治"的态度表现到了极致。

7. 无为而治，游走于两党

米芾从雍丘县令辞官之后，得到了中岳嵩山监庙的职位，他的别号"中岳外史"即是由此而来。其实，"监庙"只是一个虚职，是用来安置解职离任官员而设置的虚职，只领取俸禄，不用上任。因此，米芾领职后，便从汴京回到了故乡润州，途中他经过高邮的露筋祠，据传说早前一女子盛夏之夜在此庙过夜，因为天气闷热，蚊子成群结队，到处都是。当时，附近有一农夫的田舍，有人劝这位女子去这位农夫的田舍借宿一宿，不要睡在这个庙里了，没想到这个女子义正言辞地说："我宁愿在这儿，就算我被蚊子叮咬而死，也不能失去我的名节。"第二天，这个女子真的被蚊子咬死了，连筋都露出来了，所以这个祠被称为露筋祠。米芾听到此女子的故事后，借题发挥，大发牢骚。在《露筋之碑》中，他以祭祀这位贞洁女子为由，大发了一通有关天地正邪、君子小人的议论，以抒发在雍丘县令任上所积聚于内心的愤懑之情。

在《和王彦舟》一诗中，米芾透露出内心想效仿东晋的陶渊明，摆脱世俗的羁绊，躬耕陇亩，做一个真正的隐士。可惜，这只是内心的一时愿望，当面对艰难的现实生活，理想终究只能是一种想法。为了生活，他不得不屈从现实。

此时的北宋政坛在经过雾霾重重的前奏之后，终于迎来了暴风骤雨般的大变动。元佑八年（1093）九月，高太后去世，十八岁的皇帝哲宗得以亲政。高太后主政时，大事都跟当权的大臣们商量，根本不通过哲宗皇帝，这使得哲宗皇帝非常不满。哲宗掌

朝后改元绍圣，表明他对祖母高太后的做法非常不赞同，也以此表明了自己要继承先圣推行新法的决心。于是，以章惇、吕惠卿为首的"新党"卷土重来，执掌了朝政，他们为了巩固自己的政权，在朝中结成党羽，打击异己。如果说，宋神宗时期，王安石与司马光之间的"新""旧"党争还是出于政见不同，出发点都是为了国家的利益，那么到了哲宗时期，这种"新党"与"旧党"之间的斗争，则完全变了性质，更多地成了一种打击报复。由于高后时期，全面地排斥"新党"大臣，"新党"大臣心里怨气非常重，哲宗掌握大局之后，"新党"得到重用，因此大肆打击"旧党"人员，发泄怨气，也以此巩固自己的政权。由于年轻哲宗的权力被限制很久，急于证明自己，而"新党"人员也抓住了这一点，并利用皇帝年轻容易被挑唆的特点，大做文章。章惇等人告诉宋哲宗说他的祖母高太后当年本来是要立她自己的亲儿子——宋神宗的弟弟为皇帝的，并没有打算立哲宗为皇帝，而且当时高太后身边的所有当朝大臣都参与了这个"阴谋"。一听这话，年轻的小皇帝受不了了，立即下令大肆贬谪元祐大臣。元祐九年（1094），吕大防被罢相，并被下令"永不叙用"，最终与被贬的刘挚、梁涛等人一起死在了流放的途中。苏轼、苏辙等"蜀党"也悉数被贬，连死去的司马光、吕公著等人也要"追贬"并夺去谥号，林希成为了打击"元祐党人"的打手，连已经去世的"高太后"都被骂为"老奸擅国"，一些"小人"乘机打击仇敌，整个朝廷都充斥着陷害、攻击的声音，一时间朝廷人人自危。许多官员为了明哲保身，连亲戚都不敢相认。作为"宋代四学士"之一的黄庭坚在被贬黔州时，当时管辖那一片的是黄庭坚的表哥张向，按理说，表兄更应该照顾落难的弟弟，可是为了自保，以

防被牵连，张向竟然向朝廷奏请"回避"，黄庭坚因此被贬到更加偏远的宜州，并最终死在了那里。表兄弟之间尚且如此，朋友之间就更不用说了。大画家李公麟在路上遇到被贬的苏轼的"蜀党"子弟时，都不敢打招呼。可见当时政坛上的气氛很是紧张，到处弥漫着恐怖气息。这次的政局变动被称为"绍圣绍述"。

　　在入仕为官这么多年以后，尤其是经受了接二连三的打击之后，米芾的处世之道已经发生了很大的变化。年轻时他说自己从不将作品赠与达官显要，现在却不得不迎逢得势之人。虽然他宣称自己不加入任何一个党派，但实际上，他与两派都保持着联系。元祐时期，虽然米芾的仕途是与吕大防、苏轼、黄庭坚等"旧党"密切联系在一起的，他甚至将苏轼、黄庭坚引以为知音。"绍圣绍述"事件之后，迫于生计，米芾转而与"新党"的重要人物章惇、林希、蔡肇等人关系亲密起来，经常出入蔡京等人的门下。后来权倾朝野的宰相"蔡京"，更是米芾的"布衣之交"，一直在仕途上给予米芾帮助。哲宗时期，朝廷已经成为了各派争权夺利之所，朝中各派相互倾轧，米芾只得奔走周旋于两派之间。曾布与蔡京相争，两人曾先后为宰相，在曾布为相时，米芾便投曾门，讨好曾布。之后不久，蔡京得到重用，成为了宰相，米芾又改投蔡京门下，阿谀迎逢。虽然是为了自保，但这种朝三暮四的"墙头草"行为一直为世人所诟病。

　　其实，仔细想想米芾这样的行为，也很好理解，在官场混迹二十多年，一直只能担任碌碌无为的小官，经过太多挫折，命运沉浮已让他已经深切地体会到了自己的人微言轻。为了安身度命，他深知自己必须在朝中有所依傍，因此绍圣后与"新党"关系密切，看谁得势便与谁交好以自保；但他又不愿与豪吏同流合污，

所以选择装疯卖傻，无为而治。这就是米芾的处世之道。

绍圣四年（1097），米芾中岳监庙的任期结束，就奔赴涟水（今江苏涟水）担任涟水军使。"军"是宋代的行政区划单位，"军"大致相当于府、州，也指县，涟水军使相当于涟水县令。担任涟水县令期间，米芾将"无为而治"的态度表现到了极致。

涟水是一个偏远的小县城，因雍丘县夏税之事已将官场看透的米芾，觉得此地"山高皇帝远"，到任后便任性而为，大兴土木。他在淮水的滨海处修建了一座高楼——海岱楼，作为自己登高望远，放松心情的地方。米芾的词作《蝶恋花·海岱楼玩月作》为海岱楼赏月之作，描绘了海岱楼上美妙绝伦的景色，犹如人间的"广寒宫"。这么美好的景色岂能自己独自欣赏！当然得邀请朋友共赏，《减字木兰花·涟水登楼寄赵伯山》就是米芾寄给赵伯山的词作。此外，他还给朋友写信，请他们为海岱楼赋诗。海岱楼因此成了米芾与朋友吟诗作对，把玩奇石，鉴赏字画的绝妙之地，他的日子过得风生水起，很是惬意。这还不够，米芾还在涟水修建了宝月观用以赏月。宝月观修建在当地名胜观风楼的故址上，是赏月的绝佳之处。

登临海岱楼与宝月观观风赏月是米芾在涟水最大的乐趣所在，情到深处，抒发为文，名作《中秋海岱楼诗》，让苏轼在病中一见即一跃而起的《宝月观赋》皆成于此时。

担任涟水县令的米芾，与担任雍丘县令时为民请愿的米芾已全然不同，他把大把时间和精力都放在了赏玩字画，往来唱和上，对政事则采取了"无作为"的治理态度。米芾是出了名的爱好奇石，涟水与盛产奇石的灵璧相距不远，米芾终日搜求奇石，不理政务。虽然米芾在给上司献诗时将辖地描绘成政通人和，百姓安

居乐业的景象，上级还是知道了他沉溺于游乐，荒废了政事，于是派人前来督查。好在老天爷保佑，当年涟水周边都遭了蝗灾，唯独涟水一派风调雨顺，丰年在望的景象。再加上派来督查的上级正是与米芾有旧交，而且也酷爱奇石的杨次公，米芾得以安然度过此次检查。据说这次检查还成就了一段佳话呢！米芾整日沉溺于玩石，杨次公听说后很不高兴，亲自跑到米芾所在的石洞，把他叫出来教训道："朝廷把诺大的地方交给你，你怎么成天躲在洞里找石头？"米芾笑而不答，从左袖摸出一块玲珑剔透的石头把玩，翻来转去地给杨次公看，只见此石嵌空玲珑，峰峦洞穴样样具备，而且颜色清润。米芾说："像这样的石头怎么能不喜欢呢？"杨次公沉着脸不吭声。米芾把石头放回袖中，又取出一块更漂亮的石头向他炫耀，只见此石层峦叠嶂，比上一块更奇巧，杨次公还是不为所动。米芾把石头放回袖子里，最后拿出一块鬼斧神工的奇石，石上有天雕神镂之巧，他自言自语地说："像这样的石头怎么能不喜爱啊？"杨观察使眼睛一亮，忽然夺过石头说："谁说只有你喜欢，这样的石头我也喜欢！"说完转身登车离去。

这次检查过后，米芾并没有收敛，而是我行我素，更加放肆，甚至穿着短裤去河边洗砚台，全然不顾一县之长的身份。由此也可以看出米芾在涟水任职的生活是相当轻松愉快的。心情愉悦，创作也颇丰。在此期间，他创作了许多绝佳的写景诗词，并为许多作品作跋，如跋《李邕帖》等等。这个时期，也是他草书创作的丰盛时期，现存米芾的草书字帖多作于此时。在涟水任上，米芾醉心收藏书画，自己也投身于创作，因此，有很多成果。在他离开涟水时，随身携带的只有图籍而已，舟轻不足以过河。

> 米芾知涟水军，用文雅为治。尚礼教，祛淫词。任
> 满之日，归橐肃然，图书之外无他物。偶值风浪，作诗
> 矢神即止。
>
> ——《淮安府志》

米芾离开涟水时，船上只有书画，船太轻了以至于乘坐的船遇到了风浪，还需要作诗祈求上天来止风浪，可见米芾是个清官。他在任涟水军使时，以无为应有为，虽"无为而治"，但收到了很好的效果，颇得民心。米芾的"无为"而治最大的特点就是不扰民，不压榨百姓的成果，让百姓能专心地进行生产劳动，因而收到了很好的效果。虽然这种以"玩世为应世"的态度，让米芾过得轻松自在，百姓也得以安居乐业，但这种另类的行为不被其他同僚所接受，米芾也因此受到了不少猜忌、中伤。在以后为官的日子里，因为其行为怪异，做官时不作为，他也遭受了很多无妄之灾。米芾自己也深知这种逍遥自在的日子不会长久，应该为自己留条后路，因此在涟水任上，他就在瓜州选中了一小块地，作为将来退隐修建"草堂"的地方。

8. 年届半百，醉心收藏

两年之后，也就是元符二年（1099，绍圣五年改元元符，绍圣五年因此也是元符一年）六月，米芾涟水军史任满，回到了润州。在故乡，米芾过了一阵悠闲的日子，可惜好景不长。元符三年（1100）润州北固山遭遇了一场火劫，甘露寺位于北固山西麓，自然也不能幸免，大火将寺中收藏的晋唐名迹都被烧毁，只有唐代李德裕所建的铁塔和米芾的"海岳庵"安然无恙。米芾认为这

是天意，得意地在一面墙上题字："神护卫公塔，天留米老庵。"有好事的人在"塔"上加了个"爷"字，在"庵"上加了个"娘"字，变成了"神护卫公爷塔，天留米老娘庵。"米芾看到了非常生气，破口大骂。多事的人又在"塔"字下加了"飒"字，"庵"字下加了个"糟"字，整句话便成了"神护卫公爷塔飒，天留米老娘庵糟。""塔飒""庵脏"都是贬义词，相当于邋遢，肮脏之意。这是世俗轻薄的人在嘲笑米芾因母亲的恩荫入仕，虽然此时米芾已经五十岁了，却还有人在嘲笑他的出身，可见，米芾的出身是笼罩米芾一生的阴影。

这一年米芾再次奔赴汴京，谋求职位。年届半百的他已深感自己岁月无多，因此特别着急，在给时任同知枢密院事的好友蒋之奇的求荐书中，迫不及待地写好了自己的推荐词，认为自己才气在苏轼、黄庭坚之间，不入党派，希望皇帝垂怜，给自己一个职位。这次求职，在好友蒋之奇的帮助下，谋得了"发运司管勾文字"的职位，属于幕僚官。虽然谋得了这个官职，但在汴京求职的过程中，老妻病倒，小女儿也走失了，这对人到中年，年近50岁的米芾来说，绝对是不小的打击，他的心境也可想而知了。也许是因为平生遭逢了太多的不幸，中年的米芾随着心境的变化，对老庄思想、佛禅文化的兴趣日益浓厚，他经常去往佛寺，寻访禅师，接受佛家思想的熏陶，并且米芾自己还写作了《易说》赠与天竺寺。

"发运司管勾文字"主要掌管草拟文书，收发公文的事务，米芾领职后，就去真州（今江苏扬州仪征）任职。真州北原壮观台就是米芾在任淮南幕时游玩的地方，任淮南幕时，米芾还年轻，是恃才傲物，有满腹的牢骚也可以任意发泄的年纪。而如今，再

次来到扬州，年过半百的他，仍然是一个小吏，此刻的他心里的滋味应该是五味杂陈吧！

米芾一生都以收集名家字画为终身目标，晚年更甚，为了购得佳品不惜倾家荡产。在真州，米芾获得了两件深得他意，心仪已久的藏品。一件是黄绢本褚遂良临摹的《兰亭》，是米芾从已故宰相王随的孙子王瓛手中买到的。米芾学习书法，特别倾心于褚字，早在元丰年间，米芾就已得到了褚遂良临摹的《兰亭》，并练习了很久。得此佳品，米芾的喜爱之情可想而知。另一件藏品就是米芾见之难忘的《晋贤十四帖》之一的《八月五日帖》，自从在李玮府中见此帖，米芾一直念念不忘，终于在十多年后从好友蔡京手中得到了东晋谢安的《八月五日帖》，米芾认为此帖是天赐的宝贝，喜爱程度非同一般。

对于所收藏的书画宝贝，米芾的喜爱程度是非比寻常的。每次出门，他都将自己所有的收藏放在一艘船中，只留下一席可以躺卧的地方，船上打着一面大旗"米家书画船"。从真州到润州，甚至到汴京，都留下了"米家书画船"的行迹，米家书画船又叫"宝晋斋舫"。米芾坐卧在书画之间，好不惬意，乐此不疲。"满船书画同明月，十日随花窈窕中"就是对这种状态的形象描绘。

就在米芾乐此不疲地收集名家书画，欣赏各家名迹时，朝堂之上，一场大的人事变动即将到来。哲宗时期"绍圣绍述"后，以章惇和蔡卞为首的一干人等把持了朝政，大肆铲除异己，在朝堂上掀起了一阵血雨腥风，这使得朝政凋敝，怨声载道，年弱多病的哲宗心力交瘁，二十五岁便去世了，哲宗十八岁的弟弟端王继位为徽宗，由向太后垂帘听政。向太后跟高太后一样，也是一位颇有政治才能的女人。对于绍圣时期混乱的局面，向太后已经

深深地认识到了这对朝政的危害。她深知，朝中大臣相互攻讦已经严重动摇了大宋的根基，这种局面不能再继续了，必须马上改变这种局面。因此，向太后临朝后，立即采取了一系列措施调整元祐及绍圣时期的偏失，去奸任贤，贬谪了章惇、蔡京、蔡卞等人，复用元祐诸位大臣，改元"建中靖国"，行之以"中庸之道"，国家得到了短暂的喘息，重新安定起来。可惜向太后不就便离世了，当然这是后话。

元符三年，对米芾照拂有加的蔡京被贬，经过真州，米芾与贺铸前去见他。这一次见面米芾从蔡京手中得到了东晋谢安的《八月五日帖》。建中靖国元年（1101）对米芾来说是忙碌的一年。这年初夏，在真州任上的米芾乘船到在泗州任上的贺铸那里停留了十天。老友相聚，十分愉快。五月，米芾与两个儿子临摹唐刻《兰亭》，花了十天的时间才完成，完成的临摹本《兰亭》被称作《三米兰亭》。六月，又在真州东园与从岭南归来的东坡相见。八年未见的老友，这次相见自然是相谈甚欢，玩得很开心。但是因为天气燥热，加上在岭南积攒的瘴毒一起发作，苏轼病倒了，后东坡吃冷食导致腹泻，病情进一步加重，米芾亲手为东坡煎麦门冬饮，后东坡去往润州西山书院避暑，米芾与之畅谈了十多天。后来东坡去往常州，不料，这次分开竟成了永别。八月中秋，米芾听说了苏轼因病去世的消息，作《苏东坡挽诗》五首以示悼念，写得情深意重，满怀思念。

向太后非常贤明，仅仅临朝半年就还政于徽宗了。此后不久，向太后驾崩，徽宗亲政，以曾布为首的"新党"活跃于朝堂。徽宗第二年便改年号为"崇宁"，预示着要重回"熙宁"时期，推崇"新政"，朝堂人事又发生了一次大的变动。被贬杭州提举洞霄宫

的蔡京，抓住机会，以一手好书画赢得了徽宗的欣赏，得以重新
被起用，不久便登上了宰相之位。崇宁元年（1102），蔡京当上宰
相之后，便开始结党营私，打击政敌。他把元符末年上书言事的
582名官员分为"正"、"邪"等六类，正等都是他的死党，仅仅
只有41人；而有534名官员都被划入了"邪"等。第二年，他又
将一些"邪等"官员，其中包括已经去世的文彦博、吕大防、苏
轼、司马光等309人都被列入"元祐党籍"。蔡京亲自书写了这份
"元祐党人"的名单，并刻在石碑上，颁布在全国各州县。入这份
"党籍"的人，父子、兄弟都不能任京官，不能与宗师联姻，甚至
连京城都不能擅自进入。这次事件将历时十多年的"元祐党争"
推到了极端。

9. 布衣之交，助力仕途

　　崇宁元年（1102），米芾非亲生的母亲襄阳君去世了，按规
定，米芾回乡丁忧三个月。服丧期满，米芾即赴京谋职。这次入
京，昔日的"布衣之交"蔡京对他照顾有加。蔡京此时已经新进
为尚书左丞相，米芾写信去恭贺他。在信中，米芾将自己降为蔡
京的门人，昔日的老友已经官至相位，而自己还一事无成，不知
米芾在写这封信时内心作何感想。

　　蔡京顾及他们之间的交情，非常关照米芾。在蔡京的帮助下，
米芾得到了蔡河拨发的职位，掌管蔡河纲运相关的事务。蔡河由
汴京西南入城，是京城水运的重要通道。这个职位只是个过渡职
务，米芾在任的时间很短。

　　虽然在老友的帮助下，获得了职位，但米芾的心境已经大不
如前了。在《无能帖》中，他流露出了求职坎坷的失意、痛苦甚

至绝望的心情。年过半百，求职困难，而非生母去世后，他也不得不离开官位回乡丁母忧，虽然只有短短的三个月，可是服丧期满之后，他不得不另谋新职。"屋漏偏逢连夜雨，船迟又遇打头风"，祸不单行，第二年，米芾的第三个儿子突然得了急病，五日之内就离世了，而之前，米芾的二儿子米友知在二十岁的时候就去世了，女儿也在前次赴京求职的过程中走失了，接二连三的打击，让米芾的心情低落到了极点。白发人送黑发人，是人生悲痛至极的事情了，而米芾却经历了好几次，他的悲痛是不言而喻的。看透了世事无常的米芾，更加潜心礼佛，希冀在禅的世界里得到解脱。

担任蔡河拨发的职位三个月后，即崇宁二年（1103）三月，米芾被转为太常博士。太常博士是太常寺掌管祭祀之事的官员，正八品。官阶不高，而且工作也比较枯燥，是个"闲差"。在职期间，喜爱艺术的宋徽宗昭告天下，征集书画名迹。米芾奉召以黄庭小楷书写了《千字文》，连同一些他收藏的墨宝、画卷奉于徽宗，颇合宋徽宗的心意，给与米芾非常丰厚的赏赐，为他日后的晋升打下了基础。不知是米芾得到赏赐遭人嫉妒，还是因为其行为荒诞，为同僚所不容。两三个月后，米芾就无缘无故的被解职了。像这样的闲职，米芾都没法保住，而且是被"白简逐出"，这让米芾觉得特别冤枉，不知道自己究竟错在何处。最终，米芾只能提举洞霄宫，回家赋闲。

回到润州，米芾只能寄情于山水写意，龙飞凤舞，以此来排解精神上的苦闷。不久，因为之前献宝有功，颇得圣心，再加上"布衣"好友蔡京在徽宗身边的进言，徽宗重新任用米芾，并设置了"御前书画所"，用于内务府书画的著录与鉴定，由米芾主管。

当然，这并不是一个长久之职。不久，米芾收到"复官之命"
——出知常州，米芾没有去上任，仍然"带薪停职"，管理洞霄
宫，回家赋闲。

崇宁三年（1104）五月，米芾新的任命到了——去无为县担
任知军。通告文书在五月发出，到达润州已经是七月了，足足晚
了两个月。

米芾收到任命，便动身去无为县上任了。无为县在今天的安
徽省境内，位置偏僻，交通闭塞，村野散落，人口稀少，根本无
法与东京（今开封）、洛阳等繁华之地相提并论，就是和他的居住
地润州也不可比。米芾到任后，差不多是与世隔绝的状态，与朋
友几乎都无法交往。这对于广泛交游，习惯了与朋友往来唱和、
观风赏月的米芾来说，是多么难受的事情啊，他自然觉得相当寂
寞。没有朋友相伴，于是他便将大把的精力与时间放在了练习书
法上，这段时间他的书法创作成果颇丰。

米芾自幼在宫里长大，对民间现状知之甚少，直到出仕后当
了一些地方官，他才知道百姓的生活并不像各地官员上奏的那么
美好。在任雍丘县令时他已看到了百姓生活之苦，这次来到无为
县这个偏远的小城，米芾更加深切地体会到了百姓生活的艰难。
宋时无为县城频频遭受旱涝灾害，很少有丰收之年，就像民谣里
说的"好一个无为州，十年九不收；若要收一年，锅巴盖墙头。"
这一方土地上百姓的辛酸血泪与深切痛苦，可想而知。现实的情
况已经如此恶劣，而朝廷沉重的赋税压力更是让百姓喘不过气来。

米芾到任后，继续发挥他"无为而治"的一贯作风，在朝廷
催促与百姓苦痛之中寻求平衡。上级催促他提交税款时，他的应
对方法就是能拖就拖，能扛就扛，拖不了也扛不住的，便说自己

生病了，十天有九天都请假，大小政事都交给薛乐道处理，以给自己一个回旋的余地。薛乐道是米芾无为军任上最好的帮手，帮助米芾处理大大小小的事务，分担了很多负担。

米芾的无为而治，并非是什么都不做，而是顺应民意，不扰民。在任时，他重视农业生产，敦促农民犁田、播种、插秧、秋收。此外，米芾还因地制宜，提倡渔业，引导人们宜渔则渔，不必围湖造田，浪费人力物力。开春时，米芾鼓励大家在塘里投放、培养鱼苗，以便长大后捕捞。

米芾在无为县两年多的时间里，无为县的庄稼连续获得大丰收，甚至有一年米芾看到的"再生稻"，都是一穗九歧，长势喜人。无为县溪港纵横交错、水域丰富这一得天独厚的资源让渔业也获得了大丰收。总之米芾在任期间，无为县鱼肥稻熟，是个远近闻名的鱼米之乡。总体来说，算得上风调雨顺，没有出现大的灾荒，偶有蝗虫过境，也没有造成致命危害。这对无为县的百姓来说，可是大喜事啊，他们都认为这是托米知军的福，沾了米大人的光。

米芾听到百姓的夸赞，心里非常得意，高兴地填了一首《丑奴儿》："踯躅山下濡须水，我更委它，物阜时和，迨暇相逢笑复歌……"物阜时和，五谷丰登，米芾虽然表面"无为"，但其实心里是以百姓之乐为乐，在他的内心深处对百姓还是很关爱的。

前面已经说到，米芾任无为知军的期间，书法创作颇为丰富。不仅留下了《临王羲之王略帖》、篆书真宗《诣阙里作》等书法作品，还将他最心爱的三种晋书收藏——王羲之《王略帖》、谢安《八月五日帖》、王献之《十二月帖》临摹雕刻勒石于官舍，将此地命名为"宝晋斋"。

除了书迹，米芾还在无为留下了一方"墨池"。米芾的住所宝晋斋前面就是墨池。墨池中间有一座六角伞形的投砚亭，亭中有一个石桌，四个石凳，四周环水。传说米芾当年某日于亭中闲暇无事时，听蛙声不绝于耳，于是拿了个砚台扔了进去，青蛙就再也没叫了。第二天，"一池碧水变为黑色"，米芾在旁边题"墨池"碑，此后此地就被称为"墨池。"现在安徽无为县的州衙旧址，当年的"墨池"仍留一方碧水，一口古井，院内还蹲踞着四、五尺高赭黄色山石一块，灵透多孔，相传这就是米芾当年"拜石为兄"的那块石头。"拜石"一事充分地体现出了"米颠"之名名不虚传，也是因为这件事在旁人看来太过荒诞，米芾因此被弹劾，丢掉了官职。

涟水军使之后，米芾开始迎来了仕途的高峰期。

10. 暮年得志，官至员外郎

崇宁五年，米芾被召为书画学博士。已经五十六岁的米芾，到了暮年，开始走向仕途的高峰。

米芾在接到书画学博士的任命后，即可赶赴京城任职，在赴任途中，经过金陵，心情大好的米芾对金陵花鸟画家刘常的作品给予了很高的赞赏。在乘船经过虹县（今江苏省盱眙县）时，想起了之前乘坐"宝晋斋舫"夜航于汴河之上，卧于书画之中，欣赏美景，何等的惬意痛快。而如今，已到了暮年，白发苍苍，青年时壮志满怀，却一直没有机会一展宏图。如今，好不容易有了机会，自己却已经进入了迟暮之年。虽然如此，米芾还是很高兴终于摆脱了怀才不遇的境况，觉得自己的壮志可以有机会得以施展了，"老骥伏枥，志在千里"。在此次赴任途中所写的《虹县

诗》中，米芾的壮志似乎又被激发起来了。

米芾到汴京后，皇帝便召见了米芾，两人聊得很投机，一直对询到太阳下山。米芾还抓住时机，向皇帝进献了长子米友仁的《楚山清晓图》，深得皇帝的心意。后来又经常召见米芾，让米芾作诗、写书法等，加上蔡京在一旁帮忙凑趣，让徽宗龙颜大悦，米芾因此得到了不少赏赐。"徽宗赐砚"的事情也发生在此次任期上。

跟以前的职位相比，米芾这次担任书画学博士，经常被皇帝召见，自然是极好的，加上他有机会欣赏宫廷收藏的各种书画名迹，这对嗜书画如命的米芾来说，可谓是人生一大幸事，他因此非常得意。然而事情的发展总是出人意料，由于崇宁五年出现的一次彗星，徽宗认为是上天"示警"，再加上蔡京平时的所作所为，蔡京再次被罢相。米芾失去了保护伞，马上展示出其为人处世圆滑狡黠的一面，他立即呈诗给新任的宰相——新任尚书右仆射兼中书侍郎赵挺之以联络感情，在呈给"时宰"《除书画学博士呈时宰》一诗中，他既表露出了当上书画学博士的得意之情，也十分谦卑地向时宰表达了自己的感激之情。这件事充分地表现了米芾圆滑的处世之道，他这首《庖丁解牛刀》诗就是他处世经验的总结和概括。

　　庖丁解牛刀，无厚入有间。以此交世故，了不见后患。奈何触祸心，忿气益滋蔓。是非错相干，恶成那及谏。智者善持已，颇觉操修辨。此道固不远，可约亦可散。皇帝本斋心，斯民即宴粲。

这首诗中明确地表示出了米芾"无厚有间",游刃有余的处事方法,而且他觉得自己是智者,诗中颇有些自得的意味。

入京担任书画学博士,是米芾仕途的上升的一个标志。在任期间,米芾也十分尽心尽力,看到好的画,也会先给学生观摩一番,再存到内府,十分尽责。书画学这个职位一直"陪伴"着他,直到他担任淮阳军使时,书画学博士也是一直兼任的,可谓是终身之职。虽然书画学博士非常荣耀,能受到皇帝"便殿招对"的待遇,这也确实让米芾得意了一阵。但在任期间,终日周旋于宫廷权贵之间,时而装颠卖傻,时而迎逢皇帝,时间一久,他慢慢明白了自己身份的卑微,觉得自己只是如跳梁小丑一般罢了。慢慢地米芾感觉到了自己的弱小,壮志终究只是如梦一般消散不见,因此退隐之心越发的强烈,在诗词中也越来越多地流露出想归隐的心态。但这也终究只是一些想法,面对现实,他还是得坚持走下去。

前面说到,在米芾书画学博士的任上,蔡京被罢相,但他却并未失宠,因此被罢免的时间也并不长,一个月左右就得以复用。在以后的仕途上,也一直给与了米芾很多帮助,米芾后来能够做到礼部员外郎的位置,也与蔡京的帮助有很大的关系。

大观元年(1107),米芾被升为礼部员外郎。但刚上任就遭到了言官严厉的弹劾。据吴曾《能改斋漫录》第十二卷所说:"崇宁四年,元章为礼部员外郎。言章云:'倾邪险怪,诡诈不情,敢为奇言异行以欺惑愚众。怪诞之事,天下传以为笑,人皆目之以颠。仪曹、春官之属,士人观望则效之地。今芾出身冗浊,冒玷兹选,无以训示四方。'有旨罢。差知淮阳军,其曰出身冗浊者,以其亲故也。"御史一方面弹劾米芾"出身冗浊",其实就是

说米芾因为母亲才能够入仕做官，出身的阴影到老年依然影响着米芾。另一方面也弹劾米芾举止怪异，行为荒诞，为世人所耻笑，不适合"位居仪曹"，这已经不是米芾第一次因为行为举止而影响官职了。但是米芾被弹劾仅仅是因为这种表面的原因吗？当时的朝廷党争激烈，而米芾与蔡京之间交往密切，若米芾身居高位，就更为人所忌惮了，这应该才是米芾被弹劾的真正原因吧。

因为言官的弹劾，米芾任礼部员外郎并没有持续多久就被罢免了，被贬去做淮阳知军。虽然这次任礼部员外郎的时间很短，但是这是米芾一生所担任的最高的职位，也是米芾的别称"米礼部"、"米南宫"的由来。

米芾自认为处事圆滑、老道，他的书法得到了酷爱艺术的徽宗皇帝的赏识，又有权倾朝野的"布衣"好友蔡京的帮助，为什么他的仕途却并不如意呢？除了他的出身问题，更重要的就是米芾天生恃才傲物，充满艺术气息的性格与官场格格不入。米芾是位艺术家，他天生的傲气使得他不可能与那些豪强污吏同流合污，而现实的状况使得他也不能抽身退隐，因此他只有委曲求全，在两者之间寻找一个平衡点来生存。在人心险恶的官场，米芾的那点圆滑、那点"小聪明"仅仅是小巫见大巫，只能让他不至于被远贬于穷山恶水之地。这也注定了他的一生只能做些碌碌无为、仅能安身度日的小官小吏。

11. 一生清贫，卒于淮阳军

被罢黜礼部员外郎后，米芾被派去做淮阳（今江苏邳县）知军，并在此任职上去世。

米芾一直醉心于收集书画名帖，为了喜爱的作品，不惜重金购买，到了晚年，这种倾向更加严重，有时为了心爱的字画，不惜倾家荡产，甚至典当自己的衣服来换取。所以，米芾的日子一直都过得很清贫，在他晚年的时候，想在瓜州江边给自己盖个草堂，却因为没有钱搁浅了。他自己也说过他是因为贫穷才四处做官的，为官多年的米芾连一亩田都没有，其清贫可见一斑了。晚年米芾倾心于"禅"学，倾心研究，连他的过世都充满了"禅"意。

米芾到淮阳不几个月，就生病了，而且来势汹汹，米芾自己感觉此次病情凶险，便上书给朝廷请求辞职，但这一请求并未得到允许，不久，米芾就病逝了，享年57岁。米芾号称"米颠"，他的一生都举止不凡，异于常人，就连他的死，都充满了传奇色彩。后世很多书都对其逝世过程作了描述：

> 米元章晚年学禅有得，知淮阳军，未卒先一月，作亲朋别书，焚其所好书画、奇物，造楠香木棺，饮食、坐卧、书判其中。前七日不如荤，更衣沐浴，焚香清坐而已，及期，便请群僚，举拂示众曰："众香国中来，众香国中去。"掷拂合掌而逝。
>
> ——陆游《家世记闻》

> 将没，预告郡吏以期日，即具棺梓，置便坐，时坐卧其间，阅案牍，书文檄，洋洋自若也。至期，留偈句，自谓来从众香国，其归亦然，昪归，葬丹徒五州山之原，遵治命也。"
>
> ——程俱《北山集》

虽然在书里描述的字词不太相同，但总的来说，叙写米芾去世的过程都是一样的。在去世前一个月米芾就感觉到自己将要离去了，便为自己安排了后事，他一一写信与自己的亲朋好友告别。还把自己喜欢的字画、器玩都烧掉了，就像知道自己将要去世了一样。他还为自己准备了一口楠木棺材，放在大堂中，饮食起居、签署公文全在里面。去世前七天，不吃荤食，更衣沐浴，只是焚香清坐于棺木里面。更离奇的是，去世那天，米芾请来了所有的亲戚朋友，举起拂尘说："众香国中来，众香国中去。人欲识去来，去来事如许。天下老和尚，错入轮回路。"（《临化偈》）说完扔掉拂尘，合掌而逝。米芾仿佛已经提前知道了自己去世的时间，并不惊慌害怕，颇有些"仙逝"的意味。

米芾的家人们根据米芾最后的遗愿，在第二年，将米芾送回家乡润州，葬于丹徒西南的长山下。在镇江南郊黄鹤山鹤林寺前有一处明人为其修的衣冠冢。

纵观米芾一生，仕途充满坎坷，生活也不太顺心，两个儿子相继去世，女儿也走失了，但也可能因为经历了生活的起落，他的文学创作成果丰厚，举止颠狂的性格在文学作品的创作中也有体现，这使得他成为了宋代文坛上的一朵奇葩。米芾虽然行为怪异内心却始终坚持自己的原则与底线。米芾终生醉心于书画，他是书法和绘画大家，对后世的书法和绘画都有深远的影响。

二、米芾的交游

米芾以书画显于世，加上性格风流可爱，因此与之交游的人很多。据曹宝麟《米芾评传》："元章从长沙远归后，在诸宰相中，除了蔡确、司马光、吕公著等少数人外，历朝相府无不有他的履跻身影。群臣之中，他与旧党的苏轼及其门人故吏黄庭坚、秦观、晁氏昆仲、张耒、王诜、李之仪、刘季孙、蔡肇、龚央、陈师锡、陈璀等，与新党的林希、沈括、谢景温、许将、蒋之奇、陆佃、曾肇、邓洵武、周獯、王汉之、涣之兄弟等都有不同程度的交游。"米芾的交友圈很广，这之中，有的是为了仕途考虑，刻意尚行；有的则是从文人米芾出发，是真正朋友之间的交游。

米芾虽然恃才傲物，举止疯癫，声称自己"不入党与"，但迫于生活的压力，他还是不得不面对现实，游走于权贵之间，甚至曲意逢迎。因此，与那些被当作"奸臣"的蔡京、林希等人，也保持着密切的来往，以求得一些生存的空间。这一点也是为世人所诟病之处。

但从真正意义上来说，与米芾交游，让米芾"以绝伦之姿日接贤士大夫"的，那些米芾引以为知己的都是当时的贤士。苏轼、黄庭坚、李公麟、贺铸、薛绍彭、刘泾等人，都是米芾的座上宾，与米芾交情深厚。在这些真正的朋友之间，米芾才真正地做自己，吟诗唱和，非常惬意。下面列举几个与他交往比较密切的朋友。

1. 苏轼

苏轼以其独特的人格魅力，吸引着众多的人围绕在他的身边，甚至是在贬谪、流放之时，身边也不乏追随者。米芾与苏轼的相识，就是在苏轼被贬之时。

元丰三年，苏轼因为"乌台诗案"，被贬去黄州做"团练副使"。虽然被贬，米芾倒也自得其乐，带着家人开垦荒地，种植果木，并于元丰五年初春，在东坡下废园内筑草屋数间。堂成之日，适逢大雪纷飞，苏轼喜得其所居，在房内四壁绘满雪花，称作"东坡雪堂"。米芾与苏轼的初次见面就在这个新筑的"雪堂"。

虽然米芾小苏轼十五岁，两人却一见如故。苏轼取出珍藏的吴道子画释迦佛像与米芾共同欣赏，米芾非常喜爱，称赞不已。在米芾的《画史》中提到："苏轼子瞻家收吴道子画佛及侍者、志公等十余人，破碎甚，而当面一手，精彩动人，点不加墨，口浅深晕，故最如活。"虽然破损的相当厉害，残缺的部分却也显示出画佛的活灵活现，精彩动人。

除了赏花，苏轼还乘兴为米芾作《枯树竹石图》，阐述了自己绘画心得。苏轼画竹与其他人很不一样，米芾在《画史》中是这样记载的：

> 苏子瞻作墨竹，从地一直起至顶。余问何不逐节分？
> 曰："竹生时何尝逐节生。"运思清拔，出于文同与可。
> 自谓与文同拈一瓣香，以墨深为面，淡为背，自与可始

也，作成林竹甚精。子瞻作枯木，枝干虬屈无端，石皴
硬，亦怪怪奇奇无端，如其胸中盘郁也。吾自湖南从事
过黄州，初见公，酒酣曰："君贴此纸壁上。"观音纸
也。即起作两枝竹，一枯树，一怪石见与。后晋卿借去
不还。

与常人逐次分节不同的是，苏轼画竹是不分节地从地一直画
到竹子的顶端，然后再一起分节，他认为竹子生长时也不是逐节
生长的。苏轼画竹、画枯木、画石，并非画眼前之物，而是心中
之物。在作画之前，就已将所看到的的竹、石等在心中反复酝酿，
变成了自己心中之物，这样，画出来的景物，不仅具有现实景物
的特点，也带有作画者对景物的思想和感情，不仅讲求形似，更
讲究神似，以画作来寄托作画者的感情。"胸有成竹"就是苏轼
的作画观。

苏轼自由自在、寄托性情的作画方法，给与了米芾极大的启
示。不仅如此，这次黄州相见，也极大地影响了了米芾的书法历
程。这次相见，苏轼建议米芾学习晋人风范，学习晋人书法。回
去之后，米芾听从了苏轼的建议，开始学习晋人的书法。这次雪
堂相见，宾主尽欢，十分投缘，为后来的长期交往奠定了基础。
以后的二十年间，直到苏轼去世，不管是顺境还是逆境，两人都
一直保持着深厚的友情，只要有机会，两人便会见面，一起喝酒
聊天、交流心得，鉴赏所得的名迹。

两个人再次见面是几年之后，此时，情况已经变得完全不一
样了。元丰八年（1086）三月，神宗去世，年仅十岁的哲宗即位，
太皇太后高氏听政，主持大局，朝局发生了重大变化。高氏主政

的当月，就废除了保甲法，之后相继废除了蔡确、章惇等"新党"人员，并重新启用被贬的司马光、范纯仁等一批"旧党"。随着司马光入朝执政，反对王安石变法的士大夫逐渐开始被重用。这次政坛人物的变动，被称作"元祐更化"，此次政坛人物的更替是苏轼仕途上的一个转折点。此时，苏轼正准备在常州买地隐居，在司马光的推荐下，苏轼被召回京，担任登州军州事。到任只有五天，就被召为礼部郎中。在去京城赴任的途中，苏轼经过青州（今山东益都）时，在为生母服丧的米芾派人给苏轼送来了书信，苏轼也给米芾回信叮嘱米芾"千万节哀自重"。

元祐二年（1087），米芾服满了丧期，来到京城谋职，与在京城为官的苏轼交往密切。此时苏轼被召为翰林学士，官至三品，步入了仕途的顶峰，周围与之交往的人很多，苏辙、"苏门四学士"也齐聚于其身边。米芾此次来京，得以有机会参加以苏轼为中心的交游聚会，甚至还成为了驸马王诜的座上宾。与上流社会的人员交往，在交往中展现自己的才华，对米芾而言是很重要的，不仅满足了他仕途的需要，也满足了他精神的需求。

米芾常常把他作的诗歌、文章、临帖送给苏轼看，并请他作跋，苏轼都遵照他的嘱咐作跋、题款。而且苏轼本人对米芾的作品赞誉有加，有时也以诗歌来应和。在《与米元章尺牍》中，苏轼写到："示及数诗，皆超然奇逸，笔迹称是。置之怀袖，不能释手。异日为宝，今未尔者，特以公在尔。第四首云:自承至京欲一见，每遇休沐，人客沓至，辄不敢出，公又不肯见过，思仰不可言。二小诗甚奇妙，稍闲，当和谢。三本皆妙迹，且暂留一两日，题跋了奉还。第六首云:某恐不久出都，马梦得亦然。旦夕间一来相见否？乞为道区区。惠示殿堂二铭，词翰皆妙，叹玩不已。

新著不惜频借示。"苏轼如此喜爱米芾"超然奇逸"的诗歌，以至于藏在怀里，爱不释手，并且认为米芾的文章也词翰皆妙，并让米芾有了新作就"频借示"之，满怀期待。他与苏轼往来唱和很频繁，保存到现在的也有一些，如在《书史》中有米芾题唐摹王献之《范新妇帖》的诗三首：

> 贞观草书丈二纸，不许儿奇专父美。
> 何为寥寥宝是似，遭乱归真火兼水。
> 千年谁人能继趾，不能名家殊未智。
> 嗟尔方来眼须洗，玉躞金题半归米。

其二：

> 云物龙蛇森动纸，父子王家真济美。
> 张冀小儿宁近似，沧溟浩对涔蹄水。
> 腾蛇无足齈多趾，以假易真洵用智。
> 龟辟虽多手屡洗，卷不生毛谁似米。

其三：

> 直裂纹匀真古纸，跋印多时俗眼美。
> 诚悬尚复误疑似，有渭方能辨泾水。
> 真伪头面拳跌趾，久假中分辨愚智。
> 宝轴时开心一洗，百氏何人传至米。

　　这三首诗中，后两首诗是和第一首诗而作的。诗中表现了他对唐摹王帖的喜爱与爱惜之情，宝轴一开让人的心都为之一洗。苏轼作《次韵米芾二王书跋尾二首》与之相应和：

　　其一

　　　　三馆曝书防蠹毁，得见来禽与青李。
　　　　秋蛇春蚓久相杂，野鹜家鸡定谁美。
　　　　玉函金钥天上来，紫衣敕使亲临启。
　　　　纷纶过眼未易识，磊落挂壁空云委。
　　　　归来妙意独追求，坐想蓬山二十秋。
　　　　怪君何处得此本，上有桓玄寒具油。
　　　　巧偷豪夺古来有，一笑谁似痴虎头。
　　　　君不见长安永宁里，王家破垣谁复修。

　　其二：

　　　　元章作书日千纸，平生自苦谁与美。
　　　　画地为饼未必似，要令痴儿出馋水。
　　　　锦囊玉轴来无趾，粲然夺真疑圣智。
　　　　忍饥看书泪如洗，至今鲁公馀乞米。

　　从两首诗中可以看出，苏轼不仅对米芾的鉴赏力十分赞同，而且十分明白米芾练习书法的过程中所付出的努力，此外从诗中也可以看出两人的关系非常亲密，是彼此熟识，可以相互开玩笑的朋友。在诗中苏轼以"巧取豪夺古来有，一笑谁似痴虎头"

"画地为饼未必似，要令痴儿出馋水"等句来取笑米芾为了得到想要的字画不惜以不光彩的手段来获取，可见两人的关系很好，说话很随便，即使是拿对方的怪癖开玩笑也不会计较。《东坡志林》中记载，东坡还亲自抄写了一份保护牙齿的妙方赠予米芾，这也证明了两人的关系确实很好。

元祐四年（1089），因为苏轼不吐不快的个性，为当朝人所忌惮，受到围攻，苏轼自请流放，以龙图阁学士知杭州。当苏轼所乘的船经过润州时，时任润州州学教授的米芾为他送行，米芾拿出了所收藏的二王（王献之、王羲之）、张旭、怀素等真迹作品共同观赏，并有诗相送，苏轼非常感动。米芾此行，除了为苏轼送行外，还带来了石钟山砚，请苏轼为之作铭。苏轼接受了他的请求，欣然作《米芾石钟山砚铭》：

> 有盗不御，探奇发瑰。攘于彭蠡，斫钟取追。有米
> 楚狂，惟盗之隐。因山作砚，其词如陨。

"有米楚狂，惟盗之隐"充满了戏谑的成分，当然，是善意的戏谑，显示出苏轼特立独行的文人气息，也显现出二人关系非常的亲密、随便。

两年以后，苏轼被召回京，再次经过润州，米芾想与苏轼见面，但因为脚上生疮不能前往与之见面，因此米芾赋诗一首，向苏轼表示歉意。据《全宋词》载：

> 东坡居士作水陆于金山，相招。足疮不能往，作此
> 以寄之。

久阴障夺佳山川，长澜四溢鱼龙渊。

众看李郭渡浮玉，晴风扫出清明天。

颇闻妙力开大施，足病不列诸方仙。

想应苍壁有垂露，照水百怪愁寒烟。

第二年，也就是元祐七年（1092），苏轼改任扬州军州事，与仍在润州的米芾隔江相望，两人时常来往，与一帮朋友聚在一起，吃饭饮酒，很是痛快。一次，喝到尽兴处，米颠站起来大声问苏轼："大家都说我颠狂，你觉得呢？"如果是一般的朋友，这样当面的质问当然要掩饰一下，可是苏轼大声说："我从众。"满屋子的宾客都笑了，这也从侧面反映出二人是无话不说的知心朋友。

好景不长，元祐八年（1093），苏轼被贬定州，米芾也已去雍丘担任县令。在苏轼去上任的途中，经过雍丘，在米芾处小聚一日，两人此次相见进行了一次酣畅淋漓的比赛。

元祐八年九月，米元章知雍丘县，苏子瞻出帅定武，乃具饭邀之。既至，则对设长案，各以精笔佳墨纸三百列其上，而置馔其旁。子瞻见之大笑，就坐。每酒一行，即申（伸）纸共作字。一二小史磨墨，几不能供。薄暮，酒行既终，纸亦尽，乃更相易携去。俱自以为平日书莫及也。

——叶梦得《避暑见闻录》

苏轼本是被米芾邀请来参加宴会的，苏轼到了之后才发现，米芾相对设置了两个长桌，上面摆上了上好的笔墨纸砚，而食物则放在旁边另一张桌上，苏轼看到这个场面，倒也不拘束，大笑着坐下了。两人一边喝酒，一边写书法，借着酒劲儿，写得相当畅快，磨墨的小吏几乎都赶不上他俩用墨的速度。两人一直写到暮色来临，酒也喝完了，纸也用光了，两人相互交换所写的字，各自带走。两个人都非常尽兴，觉得平日所书都不如这次借着酒劲写得酣畅，也不如这次写得好。这次小聚给两个人都留下了一段很美好的回忆。苏轼到达定州后，还念念不忘这次相聚，寄信给米芾表示感谢。

整个元祐时期，是米芾与苏轼见面最为频繁的时期，这次见面之后，苏轼的仕途再次发生了根本性的变化。元佑八年，高太后去世，哲宗亲政，对祖母的许多做法，哲宗都不太赞同。亲政后，哲宗开始以自己的方式处理政事，加上"新党"已酝酿已久，因此，哲宗亲政后即改年号为"绍圣"，以表示其继承父亲，推行新法的决心，重新启用"新党"，苏轼、吕大防等"旧党"被贬。苏轼的命运从此急转直下，在定州任职不过数月，就有政敌攻击苏轼，说他在掌制诰时语言讥讪，苏轼因此被贬英州。接下来，苏轼接连被贬，一直北边到偏远的海南，在那里生活了七年多。

元祐九年（1094），在苏轼去英州上任的途中，再次经过雍丘。米芾当时正患痢疾，依然带病来送被贬谪的朋友。由此可知，米芾与苏轼的交往并不是泛泛之交，是不会为了仕途而避开的朋友，于"米颠"而言，苏轼是真正的朋友、知己。但米芾没有想到，这次一别，再次相见会相隔那么久。苏轼被流放至海南琼州，在那里度过了人生最艰辛的时期，由于地处偏僻，交通不便，音信难通，这期间米芾与苏轼完全失去了联系，相互之间的交往也因此被迫中断了近八年之久。

元符三年（1100），苏轼才接到诏令允许他回到中原，结束了多年的谪居生活。建中靖国元年（1101）五月，苏轼到达真州，立马发函与在真州米任职的米芾相约见面。在给米芾的信中，他明确地表明了自己对老友的思念之情。据刘宰《京口耆旧传·米芾传》记载："岭海八年，亲友旷绝，亦未尝念。独念吾元章迈往凌云之气，清雄绝俗之文，超妙入神之字，何时见之，以洗我积年瘴毒耶！"信中对米芾的文章和人品给予了极高的评价，也表达了迫不及待想与米芾相见的心情。

六月一日，米芾与苏轼在真州白沙东园相见，谈及这几年在岭南的经历，两人皆心有唏嘘。这次相见，苏轼对米芾的为人和诗文有了进一步的了解。米芾请求苏轼为其所收藏的太宗草圣及谢安帖作跋，然而因为常年累月的瘴毒，加上气候酷热，苏轼生病了，东坡因为"不敢于病中草草题跋"而没有作成。十二日，苏轼去润州养病，住在米芾的西山书院，两人同游西山，在米芾居所南窗松竹下避暑。苏轼感觉病稍微好些，就招米芾于舟中与他夜话。不久苏轼因为吃了太多的冷食，晚上暴泻，瘴毒并发，食不下咽，夜不能寐，十分痛苦。米芾听了很是心急，常来看望苏轼，并亲手为老友煎了麦门冬饮。苏轼非常感激，作《睡起，闻米元章冒热到东园送麦门冬饮》一诗来记述这件事。原诗为："一枕清风值万钱，无人肯买北窗眠。开心暖胃门冬饮，知是东坡手自煎。"两人的情谊依旧，并没有因为长时间没见而减损半分。

几天后，苏轼移舟过通济亭，停于闸外，然而疾病仍然不见好转。苏轼之子苏过为苏轼朗读了米芾的《宝月观赋》，苏轼听后很是高兴，仿佛病也好了很多。在《与米元章尺牍》中详细地叙述了此事："两日来，疾有增无减。虽迁闸外，风气稍清，但虚

乏不能食，口殆不能言也。儿子于何处得《宝月观赋》，琅然诵之，老夫卧听之未半，跃然而起。恨二十年相从，知元章不尽。若此赋，当过古人，不论今世也。"毫不掩饰他对米芾文笔的喜爱。苏轼一生都特别欣赏文人才士，对有才学之人爱护有加。在与米芾近二十年的交往中，他认为对米芾非常了解，尤其是米芾书法方面的才能，没有想到，米芾竟然是个全才，他的文学作品也如此精妙。在听了《宝月观赋》后，虽在病中，一跃而起，恨二十年都没有把米芾了解全面，可见有多么的惊喜。在《与米元章尺牍》二十五首中，他如此写道："岭海八年，亲友旷绝，亦未尝念。独念吾元章迈往凌云之气，清雄绝俗之文，超妙入神之字，何时见之，以洗我积年瘴毒耶！今真见之矣，余无足言者。"对米芾的文字给与了极高的评价，今日一见，就如同了却了一桩心愿一般。

几天后，米芾将入京谋生，前来告辞，苏轼勉强起来送他。然而，谁也没有想到，这次相见竟然成了永别。米芾离开不久，苏东坡也带病由润州到了常州，病情加重，不久便与世长辞。中秋，米芾接到了苏轼辞世的噩耗，万分悲痛下作了五首挽诗来祭奠好友。据《全宋词》载：

　　辛巳中秋，闻东坡以七月二十八日毕此世。季夏相值白沙东园，云罗浮尝见赤猿，后数入梦。

其一

　　方瞳正碧貌如圭，六月相逢万里归。

口不谈时惊噩梦，心常怀蜀徬秋衣。
可怜众热能偏舍，自是登真限莫违。
书到乡人望还舍，晋陵玄鹤已孤飞。

其二

淋漓十幅草兼真，玉立如山老健身。
梦里赤猿真月纪，兴前白凤似年辰。
将寻贺监船虚返，欲近要离烈可亲。
忍死来还天有意，免称圣代杀文人。

其三

小冠白氈步东园，原是青城欲度仙。
六合著名犹似窄，八周御魅尚能旋。
道如韩子频离世，文比欧公复并年。
我不衔恩畏清议，束刍难致泪潸然。

其四

平生出处不同尘，末路相知太息频。
力疾来辞如永诀，古书跋赞许犹新。
荆州已失三遗老，碧落新添几侍宸。
若诵子虚真异世，酒佣诗佞是何人？

其五

招魂听我楚人歌，人命由天天奈何！
昔感松醪聊坠睫，今看麦饭发悲哦。
长沙论直终何就，北海伤豪忏更多。
曾借南窗逃蕴暑，西山松竹不堪过。

　　这五首挽诗回忆了两人昔日相见亲密交往的情景：时隔八年的相逢，真州白沙东园的相聚，在西山书院避暑以及最后辞行时的场面。一幕幕，生动又真实，仿佛还发生在昨天，让人始料未及，无法接受的是这位好友就这样突然离世了。诗中对米芾自身坎坷的遭遇寄寓了深切的同情，对苏轼高尚的人格和辉煌的成就表达了由衷的敬意，对苏轼的不幸离世从心底表现出了无比的悲痛。五首诗写得感情真挚，回忆了"送麦门冬饮"这样的小事，每首诗都发自肺腑，写得无比真实而又沉痛。米芾号称"米颠"，他的绝大部分诗也充分体现了其"颠狂，不可一世"的特点，像这样深切的诗文，在米芾现存的诗中并不多见。由此也可见米芾心里的悲痛，在米芾看来，苏轼的离世，不仅仅是少了一个朋友，而且是少了一个懂他的知音。一方面，无论是书法、绘画创作，还是做人方面，苏轼都给与了米芾不少指引，真的是米芾的良师益友，如此，苏轼的离世怎能让米芾不痛心呢！另一方面，苏轼仕途坎坷，大起大落，而自己始终位居小吏，无法施展抱负，两人都是文人命途多舛的代表，命途多舛似乎是千百年来文人共同的结局，看到苏轼刚回到中原就因病离世，米芾对自身的命运也有了更多的感触，因此米芾发出了"忍死来还天有意，免称圣代杀文人"

"招魂听我楚人歌，人命由天天奈何"的慨叹，颇有些同病相怜的意味。

苏轼与米芾虽然相差十多岁，但两人相互理解，二十年的交往，是真正的知己之交。

2. 黄庭坚

黄庭坚，字鲁直，号山谷道人，又号涪翁。生于庆历五年六月十二日（1045年7月28日）的黄庭坚于英宗治平四年（1067）考上进士，历任叶县尉、北京国子监教授、校书郎、著作佐郎、秘书丞、涪州别驾、黔州安置等官职。哲宗即位后，黄庭坚被召为校书郎、《神宗实录》检讨官。绍圣初年，黄庭坚以校书郎修《神宗实录》失实被弹劾，遂被贬职。后来新党掌控了大局，黄庭坚多次被贬，最终于崇宁四年（1105）死于宜州贬所。

黄庭坚是苏门四学士之一，也是盛极一时的"江西诗派"的开山祖师，生前与苏轼齐名，世人并称为"苏黄"。

米芾与黄庭坚是通过苏轼得以相识的，两人相见的次数也不如苏轼与米芾见面的次数多。但两人仅相差六岁，也常相互作诗应和，在文学上有很多交流，而且黄庭坚对米芾颠狂的性格也表示了难得的理解。两人可谓是真正的"心灵之交"，在苏门之中，米芾与黄庭坚交往是最密切的，就连米芾的长子米友仁的字都是黄庭坚所取的。可见，二人关系很不错。

元丰八年，宋哲宗即位，由高太后执掌朝政，重新起用了"旧党"，司马光、苏轼等再次得到重用。四月，黄庭坚奉召校书郎，九月到达京城。在司马光的推荐下，成为《神宗实录》的检讨官，并且负责校对《资治通鉴》。从这一年开始，黄庭坚一直待在京城，在秘书省就职。

　　在黄庭坚入京时，米芾正在为母亲服丧，为期两年。两年后，也就是元祐二年（1087），米芾服满了两年的丧期，来到京城谋求职位。米芾自从在黄州与苏轼相见后，就成为了知心的朋友，一直保持着密切的书信来往。米芾来到京城时，苏轼正是春风得意之时，以苏轼为中心的"蜀党"也正是大展抱负之时。苏轼的弟弟苏辙以及"苏门四学士"——黄庭坚、秦观、晁补之和张耒也都聚集于京师，活跃于苏轼身边。米芾此次入京，自然与"老大哥"苏轼经常来往，由此也就认识了苏轼身边的黄庭坚、晁补之、等名士。在京城，米芾与这些文人墨客或欣赏书画名迹，或聚会喝酒，或访问朋友，或高谈阔论，玩得很是开心。米芾心情舒畅，颠狂的个性就显现出来了，经常穿着唐服，戴着高沿帽，招摇过市，因此颠狂的名声传遍京城。有时，不认识他的人，看他的装扮就知道是"米颠"。这次愉快的京师交游，为两人的往来奠定了基础。

　　米芾用"智取"的手段在苏激（志东）处获得了唐摹本的王献之《范新妇帖》，心里十分得意。说是"智取"，实际上是"巧取豪夺"而来，米芾借来真迹临摹，然后将自己摹写的与真迹交换，主人分辨不出来，拿走了临摹本，这样，米芾就得到了真迹，"以假易真"就是米芾所说的"智取"。在《书史》中，米芾交代了自己如何获得此帖，并题诗一首。

　　　余收子敬范新妇唐摹帖，获于苏激家，后有倩仲跋。
　　余题诗曰："贞观款书丈二纸，不许儿奇专妇美。何为寥寥宝是似，遭乱真归火兼水。千年谁人能继趾，不自

名家殊未智！嗟尔方来眼须洗，玉躞金题半归米。"又和
云："云物龙蛇森动纸，父子王家真济美。张翼小儿宁
近似，沧溟浩对蹄涔水。腾蛇无足蜈多趾，以假易真信
用智！龟澼虽多手屡洗，卷不生毛谁似米。"又和云：
"直裂纹匀真古纸，跋印多时俗眼美。诚悬尚复误疑似，
有渭方能辨泾水。真伪头面拳跌趾，久假中分辨愚智。
宝轴开时心一洗，百氏何人传至米。"黄庭坚和题于后，
云："王令遗墨方尺纸，尾题倩仲实子美。百家藏本略
相似，如日行天见诸水。拙者窃钩辄斩趾，田恒取齐并
圣智。锦囊昏花百过洗，湖海濯缨人姓米。"蒋之奇一韵
和三首，吕升卿和二首，林希和三首，刘泾和两首，余
章和一首，余后二首，又再和者，共成一轴。林子虚借
去未还。

　　由《书史》中的这一段话，我们可以知道，前三首诗是米芾
得到《范新妇帖》之后所作的诗，诗中描绘了对二王字帖的喜爱。
宝帖一打开，让人的心灵都受到一次洗礼，因此米芾非常爱惜，
常常洗手再看，不让帖卷边。后边黄庭坚和诗一首，也表达了此
帖的精妙，认为此帖跟"百家藏本"相比，简直就是"如日中天"
的极品。"拙者窃钩辄斩趾，田恒取齐并圣智"这两句则是黄庭
坚挪揄米芾得到此帖的手段，黄庭坚认为米芾得到此画的手段不
是一般"窃钩"的小偷小摸所能比的，简直就如"窃国者"田恒
取得齐国的手段一样高明啊。这一诗句也表明黄庭坚与米芾的交
情还是不错的，因而能如此开玩笑。

　　这年年末，米芾得到了一个前往淮南东路发运司担任幕僚的

机会，米芾于是去扬州任职。两人再次相见是在元祐六年，时隔四年的这次相见也是两人最后一次见面。这期间，米芾从淮南幕转为润州州学教授，在润州待了两年。任满之后，米芾再次来到京城拜谒权要以求能够得到一个职位。而黄庭坚此时则因为母亲去世，必须回家服丧。在黄庭坚离开京城时，米芾前来为他送行，临别前，黄庭坚将自己珍藏的一枚"元晖"古印送给米芾的长子米友仁，并以"元晖"作为米友仁的表字。在黄庭坚的《豫章黄先生文集》第九卷中，有诗描述了这件事情："我有元晖古印章，印刓不忍与诸郎，虎儿笔力能扛鼎，教字元晖继阿章。"这枚古印章，黄庭坚收藏已久，而且诗中黄庭坚明确说到他不舍得把这枚古印章给诸位友人，然而因为"虎儿"米友仁的笔力深厚，很有才情，因而将这枚印章赠与了这位小侄，并以"元晖"作为米友仁的字。由这首诗我们也可以看出，黄庭坚对米友仁关爱有加，充满了期待，后来事实也证明，米友仁确实不负他的期望，成为了著名的书画家。从"虎儿"这个亲昵的称呼，也可以看出，黄庭坚与米芾之间的关系很亲密，甚至存在一些亲情的成分。而黄庭坚以"元晖"作为米友仁的字，米芾本人字元章，"元章""元晖"联用"元"字，与王羲之、王献之父子联用"之"字是相同的意味，寄寓深远。

米元章与黄庭坚见面次数虽少，但是难得的是黄庭坚很理解米颠，而米颠也很佩服黄庭坚的为人处世。米芾因为性格颠狂，而且为人张扬，受到了很多冷眼和侧目，后来也因此被弹劾丢过官，对于米芾颠狂的性格，黄庭坚却给与了充分的理解。在黄庭坚《豫章先生文集》第二十五卷"书赠俞清老"中，是这样写的：

　　米蕨在扬州游戏翰墨，声名籍甚。其冠带衣襦，多不用世法。起居语默，略以意行，人往往谓之狂生。然观其诗句，合处殊不狂。斯人盖既不偶与俗，遂故为此无町畦之行，以惊俗尔。

　　对于米芾不入世俗的行为，黄庭坚并没有如世人一般，简单地将其归为"狂生"，而是从米芾的诗文作品中来进行分析，都说"文如其人"，黄庭坚发现米芾的诗句很合章法，并不是一味地狂乱。由此，黄庭坚得出了结论：米芾只是因为不想沦于世俗之流，因而以有些怪异、甚至是疯疯癫癫的行为来惊世骇俗罢了。人人都说米芾颠狂，却又几个人能理解他如此颠狂的行为呢?! 如此看来，黄庭坚绝对是米芾的知己啊！

　　黄庭坚与米芾两人虽然私交很好，然而同样以书名显于当世的两人，无论是学习对象，还是书学思想，都完全不同。当然，两人的书法风格也完全不同。

　　米芾的喜好有明确的限定，他崇尚晋人，而对唐人的书法，尤其是草书和楷书则猛烈地批评，而黄庭坚却相对比较公正，不偏不允。米芾的书学观点是苏轼"尚意"观点的延续，他认为书法是自身情绪的抒发，认为书法就应该抒写自身的真性情，应该恣意而为，而不能矫揉造作。他在《答绍彭书来论晋帖误字》诗中明确表示了自己的这种观点："何必识难字，辛苦笑扬雄。自古写字人，用字或不通。要之皆一戏，不当问拙工。意足我自足，放笔一戏空。"因此米芾的书法重视整体气韵，飘逸顺畅，跌宕多姿，给人以痛快淋漓之感。而黄庭坚则恰好相反，他的书法主要讲求"尚韵"，"绝俗"和"重韵"是他美学思想的核心。"绝俗"是指在艺术境界上避免落入俗套，一定要超越凡俗。而"韵"则是以"苍拔紧执"为主，并且与"妍雅郁藏"相融合的韵外之致。他强调"法外之理""中和""自然"等美学观，他曾效法怀素、李邕、颜真卿等等很多大书法家，主张在师法古人的基础上写出自己的韵味，他的行楷用中锋实笔，行书结构上中宫收紧，由中心向外辐射状，并有一些夸张拉长的笔画，特点还是很明显的，而且有迹可循，而米芾的书法却很难学。虽然书风如此不同，两人却都还是很欣赏对方的书法的，这就是君子的"和而不同"吧。

鲁直题徐文信《大悲憕赞》，见其人，诵其语，真脱尘埃耳。米芾。

——岳珂《宝珍斋法帖赞》

余尝评米元章书如快剑斫阵，强弩射千里，所当穿彻，书家笔势亦穷于此。然亦似仲由未见孔子时风气耳。

——黄庭坚《豫章黄先生文集》

上面两端文字，第一段为米芾见到黄庭坚《大悲憕赞》后所作的跋，米芾通过自己所见的黄庭坚本人，以及朗读他所作的文章，认为他当真是超尘脱俗啊！赞美之情溢于言表。第二段文字则是黄庭坚对米芾书法的评价，认为米芾的书法虽然很有气势，如强弩一射千里，但就如仲由没接受孔子的教诲之前，显得太过恣肆，缺少含蓄内敛之美。有褒有贬，非常公正。这种看法也很正常，米芾的书法向来评价不一，有的像黄庭坚一样对他的书法有褒有贬；有的则只褒不贬，对其书法大加赞扬，例如苏轼，他觉得"米芾行书，颇有高韵"，认为米芾书法"风樯阵马，沉着痛快，当与钟王并行"，喜爱之情溢于言表。

总的来说，米芾与黄庭坚的交情是君子之交，虽有不同的观点，却能相互看到对方的优点，并尊重理解对方的习惯，两人是真正意义上的朋友。

3. 蔡京

蔡京，字元长，生于北宋庆历七年（1047），逝世于靖康元年（1126）。兴化仙游（今属福建）人，熙宁三年蔡京进士及第（即考中状元），他先是被派去做地方官，后任中书舍人，改龙图阁待制，任职开封府。崇宁元年（1102），担任右仆射兼门下侍郎（右相），后又官至太师。蔡京起起伏伏，先后四次任相，共达十七年之久。客观地说，蔡京具备治国才能，是一个治国天才，但是因为他权力欲望特别强烈，在任期间，穷奢极欲，挥霍无度，因此他被世人认为是一个大奸臣，奸臣的帽子也掩盖了蔡京其他方面的才能。

在担任宰相期间，蔡京鼓动宋徽宗及时行乐，徽宗便放肆地骄奢淫逸起来，徽宗命令蔡京修建延福宫、艮岳，以供自己游宴玩乐，修建延福宫，实际上就是扩建宫城，被称为"延福五位"，蔡京派遣五位宦官各治一区，殿阁楼台、曲径回廊、假山溪流，争雄夸侈，形成五终不同风格的豪华建筑群，又以奇花异草予以装饰，花费巨大，修建艮岳，实际上是在汴京城的东北角，平地筑起一座形似杭州凤凰山的"万寿山"。山中遍布奇石以及各种山峦，蜿蜒的小路，垂直的天梯，甚至还有飞桥，可谓应有尽有，这样巨大的工程，耗费有多巨大也是可想而知的。宋徽宗还下令在苏州、杭州设立了"造作局"，聚集东南地区的数千名工匠，制作各种精巧的工艺品；又在苏州设立了"应奉局"，负责从东南地区搜刮各种奇花异石，走水路运到汴京。据《宋史》记载，"至政和中始极盛，舳船相衔于淮、汴，号'花石纲'，置应奉局于苏，指取内帑如囊中物，每取以数十百万计。"每次都以数十百万计，数量之大，令人叹为观止，这样的搜刮民资民产，百姓的日子当然不好过，很多人都破产了，这在《宋史》中也有记载，"民预是役者，中家悉破产，或鬻子女以供其须。斫山辇石，程督峭惨，虽在江湖不测之渊，百计取之，必出乃止。"把百姓都逼到了卖子卖女的地步，百姓的怨气自然是相当大的；不仅如此，蔡京还设立了西城括田所，大肆搜刮民田，为了弥补财政亏空，他尽改盐法和茶法，铸当十大钱，导致币制混乱。因为以上所说的种种行为，讨好了皇帝，却使百姓怨声载道，民怨沸腾。

北宋末年太学生陈东上书将蔡京列为"六贼"之首，这也成为后世评价蔡京的基调。宋钦宗即位后，没有将其判处死刑，而是将他贬去岭南韶关，但因为名声太臭，在路上百姓都不卖给他食物，走了一半的路程，竟然活活被饿死在了湖南潭州（今长沙），死后连棺木都没有，只能以布裹尸，埋进专门收葬贫病无家者的漏泽园中。权倾一时的宰相，竟然落得如此下场，是让人想不到的，由此也可以看出，百姓对蔡京真的是恨之入骨。

也正是因为蔡京被认为是北宋最腐败昏庸的宰相之一，因此他的文学才能也不被人接受，"宋四家"有一种说法是"苏轼、黄庭坚、米芾、蔡京"，另一种说法是"苏轼、黄庭坚、米芾、蔡襄"，其实相对而言，第二种说法比较牵强，第一种说法比较可

信，因为蔡襄跟苏轼、黄庭坚、米芾生活的时期不一样，蔡襄生活在苏、米、黄之前，把蔡襄放在他们三人之后不合常理，而蔡京却大致跟他们生活在同一个时期，是蔡京就更加合理。其次，蔡京的书法水平也确实很高，代表了宋代书法的最高水平，只是因为他名声太坏，为后人不齿，因此人们都不愿承认他颇高的文学水平，他也因此被"除名"宋四家。除了书法，蔡京在诗词、散文等领域都有辉煌的表现，只是为声名所掩盖。

按米芾所说，蔡京与米芾是"布衣之交"，据米芾《太师行寄王太史彦舟》记载："我识翰长自布衣，论文写字不相非。知已酷好辍己好，惠然发箧手见归。"可知米蔡二人相识已久，也就是米芾所说的相识于还未入朝拜相的布衣之时。据说米芾还曾经预言到蔡京终有一天会成为宰相，据吴迵《吴总志》记载："米元章尝谓蔡元长'后当为相，慎勿忘微时交。'"后来果然如元章所说的那样，蔡京真的当上了宰相。成为宰相的蔡京也没有忘记昔日的情谊，对这位布衣好友照拂有加，米芾晚年走上仕途的高峰也与蔡京的帮助密不可分。

绍圣四年（1097），米芾三年监中岳庙任满，无事可做，为了生活，这年刚开春他就来到京城谋求官职。三年前，米芾辞去雍丘县令后，也曾来到京城谋职，三年之后，再次来到京城，米芾的心境已经大不相同。在《致谢景温书》中，有"流落三年，重来京国，恍如梦觉"之语，充满了失落的情绪，此时，谢景温已经去世，昔日的风光无限的好友如苏轼等也被贬，年近半百的自己仕途也并不顺达，物是人非，怎能不失落呢！虽然如此，米芾此次来京还是有所图的。当时以吕大防为首的"旧党"势力随着高太后去世，宋哲宗的亲政而日渐衰弱，以蔡京、章惇为首的

"新党"登上了政治舞台。米芾这次来到京城，还好有蔡京可以依靠，此时蔡京已经做到了翰林学士的位置，这个职位往往由皇帝的心腹担当，常常能够升为宰相，米芾此时找到了这位朋友，也是希望能够通过他得到一官半职。这次，他得到了涟水军使的职务，得官后，米芾就上任去了。绍圣年间，蔡京、章惇对"元祐党人"，大加打击，吕大防被罢相，连司马光、吕公著等人也被"追贬"，备受高后重视的苏轼兄弟及"苏门学士"自然也成为重点打击的对象，纷纷被贬。而米芾跟苏轼及其门人走得那么近，却并未受到牵连，之后还得到了提升，应该说与蔡京这位朝中重臣的帮扶是有关系的。

元符三年（1100），宋哲宗离世，哲宗的弟弟端王继位，被称作宋徽宗，徽宗当时才十八岁，由向太后临朝听政。向太后颇具当年高太后的风范。向太后主持朝政后，重新启用元祐诸臣，广开言路，去奸任贤，贬谪了章惇、蔡京、蔡卞、林希一干"新党"。蔡京因为恶迹太多，受到御史官的审查，并从翰林学士承旨位上"夺职，提举洞霄宫，居杭州"。在去赴任的途中，经过真州，米芾和贺铸前来拜见他。这一经历在蔡京的儿子蔡绦《铁围山丛谈》中有记述：

　　　　元符末，鲁公自翰苑谪香火祠，因东下，无所归止。拟将卜仪真以居焉，徘徊久之，因舣舟于亭下。米元章贺方回来见。俄一恶客亦至。且曰："承旨书大字，世举无两，然其私意，若不过赖灯烛光影以成其大，不然安得运笔如椽者哉？"公（蔡京）哂曰："当对子作之也。"二君亦喜，俱曰："愿与观。"公因命具饭磨墨，

时适有张两幅素者，食竟，左右传舟中取公大笔来，即
睹一筒从帘下出，筒有笔六七枝，多大如椽臂，三人已
愕然相视。公乃徐徐调笔而操之，顾谓客："子欲何字
邪？"恶客即拱而答："某愿作'龟山'字尔。"公乃大
笑，因一挥而成，莫不太息。墨甫干，方将共取视，方
回独先以两手作势，如欲张图状，忽长揖卷之而急趋出
矣。于是元章大怒。坐此，二人相告绝者数岁，而始讲
解。乃刻石于龟山寺中，米老自书其侧曰："山阴贺铸
刻石也。"故鲁公大字，自唐人以来，至今独为第一。

蔡京用特大的笔写了"龟山"两字，墨迹还未干，大家都争
相欣赏，不料贺铸却忽然将蔡京的墨宝卷起来，拿着就跑出去了。
米芾因为没有得到这幅作品，很是生气，甚至因为这件事情很久
都不跟贺铸来往了，可见米芾确实有些"颠"，却也颠的可爱。后
来，米芾和贺铸两人共同将它刻石于龟山寺中，米芾亲自在它的
旁边写道："山阴贺铸刻石也"，才算平息了这件事。
被贬以后，蔡京被迫隐居杭州，但他并没有放弃，他一直在
寻找机会回到京城。建中靖国元年（1101），机会来了，宋徽宗是
一位颇具艺术气息的皇帝，非常喜欢古玩字画。即位后，他以内
廷供奉官的名义，命令宦官童贯前去杭州设明金局收罗文玩字画，
蔡京很好地抓住了这次机会，与童贯交好，并成功上位，在《宋
史·蔡京传》中，详细地描述了蔡京重获圣宠的过程。

童贯以供奉官诣三吴访书画奇巧，留杭累月，京与
游，不舍昼夜。凡所画屏幛、扇带之属，贯日以达禁中，

且附语言论奏至帝所，由是帝属意京。

与蔡京交往密切的童贯将蔡京的画作直接进呈到宋徽宗面前，让徽宗能直接看到蔡京的作品，再加上蔡京高超的画技，深得徽宗的青睐，对蔡京印象大好。此外，当时的太学博士范致虚也大力举荐蔡京，说他就是当宰相的料，只有宰相之位才能配得上蔡京的能力。就这样，徽宗最终决定起用蔡京，并恢复了他的官职。就这样，蔡京咸鱼翻身，得以回到京城，一展宏图。

复官后一年，也就是崇宁元年（1102）七月，蔡京当上了宰相，之后，他推行了一系列有助于他执政的政策，例如"罢科举法""推方田于天下""修改盐法、茶法"等，由于徽宗年幼，蔡京深得徽宗心意，他又善于迎合徽宗，加上徽宗整日醉心于艺术，蔡京因此权倾一时。

在得知蔡京成为宰相之后，米芾立即写信给蔡京表示祝贺，充满恭敬。得势的蔡京也很顾念昔日与米芾的情分，对他大加提携。米芾有了这么大的靠山，日子好过了很多，也比以前更加放肆了。对得罪了他的人，米芾直接告知蔡京，贬了此人的官。

米元章崇宁初为江淮制置发运司勾当直达纲运，置司真州。大漕张励深道见其滑稽玩世，不能俯仰顺时，深不乐之，每加形迹，元章甚不能堪。会蔡元长拜相，元章知己也，走私仆诉于元长，乞于衔位中削去所带"制置发运司"五字，仍降旨请给序位人从并同监司。元长悉从之，遣仆持人敕以来。元章既得之，闭户自书新刺，凌晨拜命毕，呵殿径入谒，直抵张之厅事。张惊愕

莫测，及展刺，即讲钧敌之礼，始知所以。既退，愤然
语坐客云："米元章一生证候，今日乃使着矣。"

——王明清《挥麈后录》

其实就是这么一件事：米芾在真州任上的时候，总是玩世不
恭，不好好工作，上司张励对米芾的行为非常不痛快，经常训斥
米芾。米芾觉得不能忍受，就给好友蔡京写了一封信，让蔡京把
自己任职中的"制置发运司"去掉，这样，他就跟张励是平级了。
没想到，蔡京居然答应了米芾这个荒诞的请求，并派仆人送来了
任命书。拿到任命书的当晚，米芾连夜给自己做了一张新的名牌。
早上，米芾气呼呼地冲到张励办公的地方，张励大吃一惊，不知
道发生了什么事。米芾拿出自己的新名牌，理直气壮地对张励说：
"以后我们俩就是平级了。"张励这才明白发生了什么事，气得半
天说不出话来。等米芾走后，张励愤愤地对在场的人说："米芾
一身的脾气，今天都在这发作了。"这件事足以说明米芾与蔡京确
实私交不错。在这位好友的帮助下，崇宁二年（1103），米芾被提
升为太常博士，任所在常州，任职期间，米芾奉诏以黄庭小楷千
字文以及所藏法书名画进献给徽宗，徽宗很满意，赐给他白金十
八笏。这一年，徽宗下令编纂《宣和预览》，鉴定钱袋书迹，蔡京
跋尾，米芾也"被旨预观"。此时，米芾是深得皇上喜爱的。然
而，好景不长，这年五月米芾因为被朝中大臣非议而被"白简逐
出"，据《铁围山丛谈》记载，米芾被逐出后，觉得十分冤枉，于
是给蔡京写信，诉说他的流落之苦，还说"一家子十口人，走到
陈留时，只得到一只小舟像这么大！"然后在字里行间画了一只小
船，蔡京不禁哂笑。

米芾丢了太常博士的官职后，提举洞霄宫，回润州赋闲。回到润州不久，就再次被任命为无为军使。崇宁三年，宋徽宗设置了书画、算、医学，并将书学、画学冠以崇宁国子监之名。在蔡京的帮助下，米芾再一次力排众议，成为书画两学的博士。这个品级虽然不高，却经常能与皇帝"便殿相对"，论书作画，而且能够饱览皇宫里各种名家书画，是个美差。不久，蔡京再次提拔米芾，米芾被擢升为南宫礼部员外郎，这是米芾仕途的最高峰，可惜上任没有多久，就被言官弹劾，认为米芾出身冗浊，而且行为乖张怪异，有损皇家体面。因为受到弹劾，米芾四处奔走，告知各位当政的大臣，说自己久在中朝、外朝任职，因为被各大臣赏识起用，举荐他的人有数十百之多，这些举荐他的人在用人上都很厉害，没有一个说他疯癫的，以此想来证明自己并不颠狂。从此，他的《米老辩颠帖》流传于世。然而，这次"辩颠"并没有起到多大效果，米芾还是被免去了官职，从此，米芾的仕途开始走下坡路，再也没有了翻身的机会。

虽然有这样一位权倾朝野的布衣之交帮忙，米芾的仕途依然不如意。虽然米芾自称与蔡京是布衣之交，但很难说，米芾把蔡京当作真正的知音，他跟蔡京的交往或多或少地掺杂了一些功利的成分。在蔡京被贬，曾布担任宰相时，米芾立即写诗去讨好曾布，且从此不去登门拜访蔡京了；当蔡京再次得宠，担任宰相时，米芾又急忙去巴结蔡京。这件事为世人所诟病，虽然说米芾是为了安身立命，但也由此看出，米芾跟蔡京的交往目的并不那么纯洁。另外，米芾对蔡京的书法也并不像表面所表现得那么认可。

鲁公（蔡京）一日问芾："今能书者有几？"芾对

曰："自晚唐柳氏（柳公权），近时公家兄弟是也！"盖
指鲁公与叔父文正公尔。更询其次，则曰："芾也。"

——蔡绦《铁围山丛谈》

蔡京问米芾谁的书法写得好时，米芾将自己排在了蔡氏兄弟
后面，将蔡氏兄弟放在与柳公权齐名的地位，不乏阿谀之意。后
来宋徽宗问米芾同样的问题时，米芾却说："蔡京不得笔，蔡卞
得笔无韵，蔡襄勒字，沈辽排字，黄庭坚描字，苏轼画字，"徽宗
又问他：问："你自己写得怎么样呢？"米芾回答说："臣刷字！"
可见，他并没有人蔡氏兄弟的书法有多好，而且从内心觉得，自
己的书法比他们的要好。

这件事也再一次证明，米芾与蔡京的交往掺杂了利益的成分，
他与蔡京的交往可能更多的是为了仕途。

4. 贺铸

贺铸，字方回，又名贺三愁，人称贺梅子，自号庆湖遗老，
卫州（今河南汲县）人。贺铸生于 1052 年，卒于 1125 年。贺铸
自称是唐贺知章的后裔。在十七岁时，贺铸离开家乡奔赴汴京，
担任右班殿直，这是一个武散的官职。元丰元年（1078）改官滏
阳都作院，元祐三年（1088），贺铸被派去和州任管界巡检，元丰
五年奔赴徐州领宝丰监钱官。由于担任的官职都是冷职闲差，贺
铸很是抑郁，慨叹于自己不得志，因而自称"四年冷笑老东徐"。
元佑六年，在李清臣、苏轼的大力举荐下，贺铸终于改入文职，
易承事郎，担任常侍，然而不久，他就请任闲职，改监北岳庙。
绍圣二年（1095），他被授予江夏宝泉监，在任期间，他整理了旧

稿，编成《庆湖遗老前集》。元符元年（1098），因为母亲去世而离职，此后两年间，游历于苏州、杭州一带。建中靖国元年（1101），贺铸为母亲的服丧期满，召为太府寺主簿，随后又改任宣议郎，任泗州通判。崇宁四年（1105）迁宣德郎，在太平州任通判，再迁奉议郎。大观三年（1109），贺铸在承议郎任上辞职退休。重和元年（1118），贺铸因为是太祖贺后的族孙，被迁朝奉郎，赐五品服。贺铸因为喜爱饮酒，又爱意气用事，终生仕途不顺，担任的都是小官，因而郁郁寡欢，感叹自己有志难伸。到了晚年，他对仕途更加灰心，在任一年就再度辞职，选择苏州定居，杜门校书，以此终老。他的家中收藏了万余卷书，他亲自校对，纠正错误，编成了《庆湖遗老后集》。宣和七年（1125 年），贺铸在常州的一处僧舍去世。

贺铸的坎坷的仕途境遇与米芾很相似，再加上两人年龄相似（相差一岁），性格相像，因而彼此感觉很是投缘，交往频繁，相互引以为知己。

两人是何时认识的现在已不得而知，但可以肯定的是两个人的关系很亲密。在元祐年间，尤其是米芾担任雍丘县令的这段时期，两人交往很密切。在交往过程中，贺铸也作诗记录下了两人的交游。贺铸的诗作《约十客同集金山米芾元章约而不至坐中分题以元辛未至分韵作诗拈阄韵应口便作滞思即罚巨觥余得章字》即是约米芾相见却不得见，座中十人分韵作诗，贺铸分到了"章"字，便借此机会在诗中以一句"分韵吟诗招阿章"表达了对米芾的想念。贺铸另有一首《题甘露寺净名斋兼寄米元章》，"净名斋"是米芾在润州担任润州州学教授时，在甘露寺借住的僧舍名，贺铸以此诗寄与米芾，表明在米芾任润州州学教授前，就与贺铸已经相识。

元祐八年（1093），米芾在雍丘县令的任职上。八月份的时候，米芾经过京师拜访贺铸。贺铸作《谢米雍丘元章见过，癸酉八月京师赋》来表达自己的心情。

今古两妙令，雍丘与太丘。
当时号清白，后日想风流。
吏鼾庭阴午，农歌野色秋。
吾非荀氏老，愧尔德星留。

诗中将时任雍丘县令的米芾与东汉的太丘县令陈寔相提并论，陈寔在任太丘令时，因为交游广泛，而且以仁德对待辖地的人民，给"梁上君子"讲仁义的道理是陈寔最有名的事。据《后汉书·陈寔传》："时岁荒民俭，有盗夜入其室，止于梁上。寔阴见，乃起自整拂，呼命子孙，正色训之曰：'夫人不可以不自勉。不善之人未必本恶，习以性成，遂至于此。梁上君子者是矣！'盗大惊，自投于地，稽颡归罪。寔徐譬之曰：'视君状貌，不似恶人，宜深克己反善。然此当由贫困。'令遗绢二匹。自是一县无复盗窃。"对于躲在房梁上的小偷，陈寔没有训斥他，或者命令下属抓他，而是叫来子孙，以教育子孙向善来劝导小偷不失本性，小偷很羞愧，自己下来认罪，由此陈寔并没有抓他，而是让他以后改正错误，并送给小偷两匹绢，然后放走了"梁上君子"。从此全县再也没有盗窃案的发生了。由此陈寔的仁德之名大盛。贺铸将米芾与陈寔相提并论，是对米芾的赞扬，也是以此来揶揄米芾两次被盗的经历："盗两入室，寒夏一空"以至于到了冬天都没有棉衣穿的地步。"当时号清白，后日想风流"这一句体现出贺铸与米芾关系很不错，是很亲密、不拘行迹的朋友。

这次交游，俩人彼此都很开心。两个月后，也就是这年十月，贺铸经过雍丘，与米芾秉烛夜谈，并作留别诗两首。

留别米雍丘二首之一

明釭通夜语，累块写胸中。
水癖推刘令，书名浣鲁公。
忌猜悲廪鼠，逐热贱云鸿。
不乏佳山水，东南著两翁。

之二

好住楚公子，山林何处逢。
官身须自乞，俗眼可相容。
叔夜懒犹锻，伯鸾佣且春。
多惭方禄隐，尔汝傲吴侬。

在诗序中是这样写的："米（芾）辨博有才具，著《山林集》数十卷。为人知者特水淫、书学而已。清狂多忤，尝上章援余祠史之请，不报辄已，因以激之。癸酉十月雍丘赋。"诗中不仅表现出了与米芾惺惺相惜之感，也表达了自己有志难伸的不平之气。贺铸同米芾一样，都是心有大志，却无奈官职需要自己乞得，只能做一些低微的职位。由于两人性格都比较随性，不拘小节，因而为世俗眼光所不容。贺铸对米芾的身世遭遇，表示了深切同情，同时，也是其对自身遭遇的一种同情。对米芾的书法，贺铸给予了赞扬，并以颜真卿比喻米芾的书名。叔夜是指嵇康，而伯鸾指梁鸿，两人都是品德高尚的隐士，贺铸以此来表达自己想做一名真正的隐士的心意。

元符三年（1100），米芾在真州任职，这一年，蔡京被贬路过真州，米芾与贺铸前去看望蔡京，并有了贺铸抢夺蔡京书帖，惹恼米芾，以至于好几年都不理会贺铸的事情，当然，最后，事情得以圆满解决，两人共同将它刻石于龟山寺中。两人和好如初。这件事当然体现了米芾的颠狂，为了书画不惜与朋友翻脸，但是也能看出贺铸个性耿直，豪爽不羁，与米芾性格很像。贺铸也因为形象怪异，当时被称为"贺鬼头"。

第二年（1101）夏天，贺铸在泗州担任通判，米芾前去泗州与贺铸等人逗留了十天，并作《淮山避暑杂咏》记录此次聚会。在岳珂《宝真斋法帖赞》也第十九卷中是这样记载的："致方回老弟人英札十日之欢，足慰故人。遂别，心目凄断。"可见两人的关系很亲密，到了离别之时，竟至于双目凄断。

两人不仅仅只是频繁相见，最重要的是能够明白对方，想对方之所想，急对方之所急。对于米芾颠狂自我的个性，俗眼多不能接受，在贺铸所作的《拾遗折中仓观米元章题字》一诗中，贺铸却给与了赞美。

题注云：时米客扬州，乙亥六月京师赋。（乙亥，即绍圣二年（1095））

银钩入木掩钟王，拂眼清风识楚狂。

淮海京尘两流落，与君大是觉身妨。

当时米芾在扬州，贺铸在京师看到了米芾的字，因而有感而发，认为米芾的字遒劲有力，甚至超过了钟繇和王羲之。米芾的颠狂，并不是所有人都能理解的，只有独具"慧眼"，了解米芾的人才能理解他，而贺铸就是理解并赞同米芾坚持自我的人之一。因为贺铸本身也是这样随性所欲、豪爽的性格，因而特别能设身处地的理解米芾。

贺铸对米芾很了解，评价也很高，在米芾给贺铸的赠诗中，对贺铸的描写也很精准，可谓是惟妙惟肖。

客星熠熠滑稽雄，爱着青衫自作穷。泽国三年哭不死，又拖长袖揖王公。

——米宪《宝晋山林集拾遗》卷二《别贺方回弟》

全诗以轻松戏谑的口吻，写出了贺铸"滑稽"的样子，透过全诗，我们仿佛看到了爱穿青衫的贺铸，拖着长袖向王公作揖的样子。

米元章与贺方回可谓是惺惺相惜，知根知底的知心朋友，人生得有一人如此理解米芾，也是米芾的一大幸运了。

5. 蔡肇

蔡肇，生于何年，现在已不得而知，于1119年离世。贺铸，字天启，润州丹阳（今属江苏）人，于元丰二年（1079）考取进士，历任明州司户参军、江陵推官。宋哲宗即位后，元祐中期，

被任命为大学正，后担任常州通判。宋徽宗即位后，先后担任户部员外郎、吏部员外郎，兼编修国史。大观四年（1110），张商英入相，贺铸被召为礼部员外郎，进的居郎，拜中书舍人。不久，贺铸以"草制不称"之名被贬，出知明州。政和元年（1111）提举杭州洞霄宫，不久遇到大赦，官复原职。宣和元年（1119），贺铸去世。

贺铸是一个文武全才，他除了"能文，尤长歌诗，工画"之外，还具有过目不忘的本领。他不仅颇具文学才能，而且也很有武才，能驯服不受调控的马，堪比将帅之勇。贺铸著有有《丹阳集》三十卷，很可惜已经失传了，仅《两宋名贤小集》中存有《据梧小集》一卷。贺铸现存的还有一些绘画作品，有《松路仙岩图》、《山麓渔舟图》《雪陂钟馗图》《松下逍遥图》《煎茶图》，著录于《绘事备考》。

米芾与蔡肇的初次相识是在元丰六年，当时米芾本来是应刘庠之邀去担任金陵从事，结果米芾到达之后，刘庠却因为一些原因被牵连贬官，米芾的官职也因此成为了泡影。于是米芾转道去钟山的半山堂拜谒正隐居于此的王安石。米芾一眼看出王安石的书法是向唐人杨凝式学习的，王安石很惊讶，因为从来没有人看出来过，因此对这位青年很有好感。米芾是带着自己所作的诗文前来拜谒的，王安石从来不轻易许人，因为看好米芾，竟然摘录他的诗句写于扇面之上，可见对王安石对米芾是很赞赏的。这一次钟山之行，米芾不仅认识了王安石，而且还在王安石处结识了润州同乡蔡肇，两人一拍即合，自此成为了挚友。

世复有三君子者。观文殿学士王公韶，字子纯。枢密直学士刘公庠,字希道,则仆竟不识其面。选人蔡君肇,字天启,於相知间语仆如素心腹者,云得仆於王荆公。

——岳珂《宝晋英光集》第二卷《萧闲堂集》

仅仅只是在王安石处见过一面,米芾就感觉好像是自己已经认识很久的"心腹"一样,可见两人非常投缘,也很合拍。

二人再次见面是米芾去京城谋求官职之时。当时苏轼正当道,周围聚集了很多有才有学之士,米芾、蔡肇两人也在其中。苏轼、苏辙、黄庭坚、蔡肇、李之仪、李公麟、晁补之、张耒、秦观、刘泾等人经常在一起聚会,驸马王诜的私人住宅成为他们吟诗作对、喝酒赏画之地。后世很有名的"西园雅集"就是此时的盛事,传说大画家李公麟画《西园雅集图》,米元章作《西苑雅图记》及雅集诗序。总之,在这段时期,米芾和蔡肇经常在一起交流。

自第一次在金陵相见之后,米芾与蔡肇的友谊一直保持了三十年,在米芾的存世的作品中,有多件给蔡肇的信札,两人始终保持着密切的书画来往。《盛制帖》就是米芾致蔡肇(字天启)的尺牍之一。

　　盛制珍藏荣感。日夕为相识拉出,遂未得前。见寒光之作,固所愿也。一两日面纳次。黻顿首。天启亲。

这是米芾改名之前,也就是41岁之前,写给蔡肇的。两人交往密切,而且米芾对蔡肇的人品评价很高。在《萧闲堂诗》诗序中,米芾写到"选人蔡君字天启,于相知间语仆,若素心腹者。"

米芾与蔡肇第一次见面，就已经视彼此为心腹之交了，可谓是一见如故，在此诗序中米芾又写道"如天启乐道人善者，一人而已"，可见，蔡肇是正人君子，从不爱道人是非，米芾对他有很高的评价。米芾去世后，蔡肇为米芾作了墓志铭，情深意重。

6. 刘泾、薛绍彭

刘泾、薛绍彭与米芾是最要好的朋友，三人都酷爱收藏书画，交往特别亲密。据蔡肇《故南宫舍人米公墓志》所说，米芾"平生与游，多天下士。蜀道刘泾、长安薛绍彭好奇尚古，相与为忘形交，风神萧散，是其一流人也。"米芾与刘泾、薛绍彭三人的交往亲密无间，很是随意。那么，刘泾与薛绍彭到底是何许人呢？

刘泾，确切的生卒年已无从知晓，大约生活在 1043~1100 间，字巨济，号前溪，简州阳安人，是熙宁六年的进士，为太学博士。刘泾是当时有名的画家，善作林石槎竹，也善于画墨竹。据《米襄阳外纪·杂记》，刘泾"善作林石槎竹。成都大智院法堂壁间，有松竹窠植二，惜岁久将磨灭也"，而且作画"笔墨狂逸，体制拔俗"，刘泾还特别擅长金石碑刻研究。

薛绍彭，字道祖，号翠微居士，生卒年不详，河中万泉（今山西省万荣县）人，也有说他是长安（今陕西西安）人。薛绍彭元祐初年为承奉事郎、勾当上清太平宫。后官至秘阁修撰，出为梓桐槽。薛绍彭的父亲是薛向，元丰年间担任枢密院知事，特别善于理财经商。而薛绍彭"有翰墨名"，他的传世作品有《得米老书帖》《杂书卷》《与伯元书帖》等，都显得萧散雅正，他跟米芾一样，不喜唐人，努力效仿晋人体势。薛绍彭以书名显于世，与米芾齐名，世称"米薛"或"薛米"，米芾《书史》记载说：

"绍彭以书画情好相同，尝寄书云：'书画间久不见薛米'，余答以诗云：'世言米薛或薛米，犹言弟兄或兄弟，四海论年我不卑，品定多知定如是。'"从这首诗中的"四海论年我不卑，品定多知定如是"也可以看出米芾对薛绍彭的"品定"水平是很认同的，在品味、鉴别书画这一点上，米芾一直都很自信，甚至有些自负，放眼四海皆不自卑，他也很少承认别人品鉴的水平，却独独将薛绍彭引为知音。米芾《书史》中记载："薛以书画还往，出处必同。每以鉴定相高得失评较。余在涟水，寄君诗云：'老来书兴独未忘，颇得薛老同徜徉。天下有识谁鉴定，龙宫无术疗膏肓。'"

米芾与薛绍彭、刘泾交往密切，留下了很多相互应和的诗作，在米芾现存的诗中，有多首与刘泾、薛绍彭相关的应答诗歌。上面的诗句"老来书兴独难忘……"即来自米芾的七言诗《自涟漪寄薛绍彭》。米芾获得了新的收藏或是有了心得都会写诗告知薛、刘二人，如米芾所作的《寄题薛绍彭新收钱氏子敬帖》《硾越竹学书诗寄薛绍彭刘泾》等诗，都属此类。另一方面薛、刘二人得了新作自然也会作诗与米芾分享，如刘泾得到了唐绢本的《兰亭》，也会写诗给米芾询问，米芾也作诗回复。另外，三人也互相鉴别藏品，如诗作《刘泾收得子鸾字帖云是右军，余恐是陈子鸾，薛绍彭亦云六朝书，又得梁武像，余时在涟漪答以诗》：

> 刘郎收画早甚卑，折枝花草首徐熙。十年之后始闻道，取我韩戴为神奇。迩来白首进道奥，学者信有髓与皮。始知十袭但遮壁，牛马便可裹弊帷。峩峩太平老寺主，白纱帽首无冠緌。武士后列肃大钿，宫女旁侍鞏修眉。神清眸子知寡欲，齿露唇反法定饥。世人见服似摩

诘，不知六朝居士衣。后人勿把乱唐突，梁时笔法了可
知。道子见之必再拜，曹刘何物望藩篱？本当第一品天
下，却缘顾笔在涟漪。

从诗中也可以看出，刘泾得到了字帖，自己鉴定后，认为是
王羲之的，米芾却认为是六朝时子鸾的作品。这首诗明确地列出
了米芾从人物衣着、神情等各方面鉴定为六朝的原因，也道出了
自己渴望一睹此帖风采的心情。

三人除了有相同的爱好之外，脾气性格也很相像，尤其是刘
泾，当时两人号称"二颠"，刘泾"为文务奇怪，屡蹶不伸"，而
米芾"举止颉颃"，两人非常合得来。米芾在涟水军使任上时，还
特意将米、刘"二颠"的诗作刻于海岱楼柱上。刘泾对米芾很是
推崇，曾为米芾作长歌：

> 元章好古过人，书画惊世起。余作歌云：天下爱奇
> 人没量，奇不谀人奇解相。奇人奇物方合璧，乞与世间
> 人物样。六朝唐盛始兼得，访古知名已萧爽。人亡物丧
> 付衰梦，注想后来逢好尚。元章心自鉴秋月，一路仍行
> 九霄上。家时菜色无斗粟，书画奇奇世人望。
>
> ——米芾《画史》

诗句"奇人奇物方合璧"表明刘泾认为自己跟米芾"颠性"
相投。诗中也提到米芾的书画为世人所追捧，家里却菜无一棵，
粮无一斗，为了书画，米芾毕生都过着节衣缩食的日子。米芾为
刘泾所推重，因此两人为"忘形之交"，米芾的赠别诗中，与薛绍

彭相赠的诗数量最多，两人彼此也很欣赏对方，米芾一直很清高自负，不太轻易看上别人的字，他对薛绍彭的书法却很认可，在米芾父母过世后，米芾请薛绍彭为父母书写"考妣会稽公、襄阳、丹阳二太夫人告"。

刘泾与薛绍彭是米芾最亲密的朋友，三人的密切交往，也为文学史上留下了很多经典的画作、诗作以及书迹。

米芾交游广泛，这里只是简单列举了几位与他交往相对亲密的人，与米芾交往的人还有王诜、王汉之、王涣之、林希、蒋之奇、蒋长源等人，甚至当时的大画家李公麟也与米芾有来往。虽然穷苦一生，但米芾的朋友很多，这也使得他在党争严重的年代不至于被贬到山穷水尽之地，并且在他的一生中得到了几个真正理解他的知心朋友，不得不说是人生的极大幸事了！

三、逸闻趣事

1. 用心学书

米芾能成为一位有名的大书法家，不仅与其天资聪颖有关，与他后天的勤奋练习也是密不可分的。

据说，米芾小时候在私塾馆学写字，因为经常走神，学了三年，仍然把字写得歪歪扭扭，先生见了直摇头，对他说："你根本不是写字的材料，你还是回家放牛去吧！"米芾只好回家放牛去了。但是米芾很喜欢写字，一直希望能够继续学习写字。有一天，一位进京赶考的秀才路过这里。米芾听说这秀才写得一手好字，就去找秀才教他写字。秀才翻看了米芾临帖写的一沓纸，若有所悟地对他说："想跟我学写字，可以，但是有个条件，得买我的纸，一张纸五两纹银。"米芾一听吓了一跳，心想："哪有这么贵的纸，他是故意为难我的吧？"秀才见他犹豫了，就说："你要是嫌贵就算了！"米芾求学心切，只好回家找母亲，母亲见他求学心切，就借来五两银子给了米芾，让他交给了秀才。秀才接过银子，递给他一张纸说："拿回去好好写吧，三天后拿给我看。"

回到家，米芾捧着这张纸，左看右看，不敢轻易下笔。于是

翻开字帖，用没蘸墨汁的笔在书案上划来划去，仔细研究着每个字的间架和笔锋，琢磨来琢磨去，竟入了迷。

三天后，秀才来了。见米芾坐在那里，手握着笔，望着字帖出神，纸上却一字未写，便故作惊讶地问："怎么还没写？"米芾这才想起三天期限已到，喃喃地说道："我怕弄废了纸。"秀才哈哈大笑，用扇子指着纸说："好了，琢磨了三天，写个字给我看看吧！"

米芾犹豫着不敢下笔，在秀才的再三要求下，米芾才提笔写了一个"永"字。写完后，连米芾自己都感到奇怪了，因为他写的"永"字，既和字帖上的很像，又好像不一样，端正、秀丽、大方，比先前写的字大有进步，秀才乐了，米芾更是十分高兴。

秀才问道："你说为什么三年写不好，三天却能写好呢？"米芾小心答道："因为这张纸贵，我怕浪费了纸，不敢像先前那样提笔就写，而是先用心把字琢磨透了……""对！"秀才打断米芾的话说："学字不只是动笔，还要用心，不但要观其形，更要悟其神，心领神会，才能把字写好。现在你已经懂得写字的窍门了，我该走啦。"说着，秀才挥笔在写有"永"字的纸上添了七个字："（永）志不忘，纹银五两"，写完从怀里掏出那五两纹银还给米芾，便出门上路赶考去了。

米芾一直把这五两纹银放在案头，时刻铭记这位秀才的话，并以此激励自己勤学苦练。米芾终身坚持苦练书法，每日不辍，终于成了当时有名的书法大家。

2. 装癫索砚

米芾外号"米颠"，举止怪异，异于常人。他平生很喜爱砚台，常花高价购买。他和砚台之间，也发生了许多趣事。

米芾特别喜欢文房四宝，还专门作了《笔》《墨》《纸》《砚》四首诗来吟咏对文房四宝的喜爱。而这其中，他最喜欢的当属砚台了。米芾喜爱收藏佳砚，甚至连皇上的御砚，也敢大胆索取。

一次宋徽宗召见米芾，让他草书《周官篇》于御屏上，实际上徽宗是想借此机会见识一下米芾的书法。宋徽宗自己也是一个大书法家，他创造的"瘦金体"是很有名气的，他对有才学的文士也给予了十分的重视。徽宗命人给准备好了御用端砚，米芾笔走龙蛇，从上而下其直如线，宋徽宗看后觉得果然名不虚传，大加赞赏。米芾看到皇上高兴，突然把笔掷于地上，捧着砚台跪在徽宗脚下说："这个砚台臣已经濡染过，不能再让您使用了，请您将此砚台赐给我吧。"皇帝看他如此喜爱此砚，又素知"米颠"的性情和有洁癖的特点，闻听此言大笑，旋即答应了他的请求，将砚赐给了他。米芾也顾不上把砚台上的墨擦干净，立马将皇上赐的心爱的砚台装入怀中，欣喜若狂地就往外跑。墨汁四处飞溅，溅在他的衣服上也顾不得。宋徽宗见状，对蔡京说："米芾的癫名真是名不虚传啊！"殿上的人都哈哈大笑。

米芾非常喜爱砚台，甚至抱着心爱的砚台睡觉。米芾从一个叫孜周的和尚那里得到了一块十分罕见的端砚，得到这方砚台后，米芾非常喜爱，抱着砚台共眠数日，还让苏东坡为其作铭词。米芾藏有砚山数座，其中有一座为南唐李后主故物。此砚非常精巧，大小山峰三十六座，层峦叠峰，明暗相间，砚池中有天然水波纹，池中碧水荡漾，别有一番情趣。砚中金光闪闪，似白云飘逸，又似山川巍峨壮丽，真是千姿百态，惟妙惟肖，是大自然的精妙杰作。米芾称它为"宝砚"，并亲自刻了砚铭，即《研山铭》。在给想从他那儿得一方石砚的朋友的信中，他这样写道："辱教须宝砚，去心者为失心之人，去首者乃项羽也。砚为吾首，谁人教唆，事须很研。"由此可见，砚台就是他的命。

然而，米芾爱砚不仅仅是为了赏砚，而是不断地加以研究，并著有《砚史》一书，世称"米史"。书中记载了砚材26种，对其石质、颜色、发墨等功能阐述精细、翔实，具有很高的鉴赏价值，为后人留下了宝贵的经验。纪晓岚在《四库全书提要》中对它评价很高。

3. 米芾拜石

米芾，爱好特别多，除了诗书画以外，还非常喜好奇石。他善于观察事物，并能从人们司空见惯的石头中，发现它们夸张、怪诞和富于变化的美学特征，从中得到美的享受和乐趣。

米芾一生非常喜欢把玩异石，有时到了痴迷之态。在他任无为州监军期间，有一次见衙署内有一立石十分奇特，高兴得大叫起来："这块石头这么奇特，足以让我跪拜它啊。"于是命左右为他换了官衣官帽，手握笏板跪倒便拜，并尊称此石为"石"。此事很快传播开来，人们都觉得他的行为好笑。后来他又听说城外河岸边有一块奇丑的怪石。当时人们出于迷信，以之为神仙之石，不敢妄加擅动，怕招来不测。米芾立刻派人将其搬进自己的寓所，摆好供桌，上好供品，还让随从给他拿来袍笏，穿好官服，执着笏板，就好像面对的是最尊敬的长辈一样，向奇石行叩拜之礼。口中念念有词道："我想见到石兄已经有二十年了，相见恨晚啊。"日后，有人就问米芾："确实有拜石这件事吗？"米芾慢腾腾地回答说："我哪里是拜，只是作个揖罢了。"此事后来被传了出去，有的官员认为有失官方体面，因此弹劾米芾，米芾被罢了官。好在米芾一向把官阶看的并不是很重，因此也不怎么感到后悔，后来就作了《拜石图》，作此图的意图也许是为了向他人展示一种内心的不满。李东阳在《怀麓堂集》时说："南州怪石不为奇，士有好奇心欲醉。平生两膝不着地，石业受之无愧色。"这里可以看出米芾对玩石的投入与对傲岸不屈的刚直个性，大有李白"安能摧眉折腰事权贵，使我不得开心颜"的情怀。

米芾爱石成癖，玩石如痴如醉。外出时曾见到一块奇石，他欣喜若狂，绕石三天，搭棚观赏，不忍离去。后人在他搭棚拜石处修建了一座"拜石亭"，还在奇石与亭子之间修建了"绕石桥"。他在江苏涟水为官时，因为当地毗邻盛产美石的安徽灵璧县，便常去搜集上乘奇石，回来后终日把玩闭门不出。他的衣袖中总是藏着奇石，随时随地拿出来观赏，美其名曰为"握游"。

米芾玩石，也确实影响了他的仕途升迁，一生只得"三加勋，服五品"而终。但他并不后悔，一生都在藏石赏石，与奇石结下了不解之缘，还总结出"瘦、秀、皱、透"四字相石法，开创了玩石的先河。时至今日，"瘦、秀、皱、透"这四字仍是藏石赏石者品评石相的标准。

4. 豪夺名帖

米芾终生致力于收集名家字帖、画作，为了获得自己喜爱的作品，不惜倾家荡产，典卖衣物，甚至巧取豪夺，"不择手段"。

《铁围山丛谈》记载了这样一件事：米芾非常喜爱唐朝沈传师的书法。他在长沙做一个小官时，听说某寺有沈传师的真迹，便求寺院借观。不曾想，米芾借到手，居然乘寺院不备，携此帖扬帆而去。寺院将他告到官府，才将此帖追还回来。可见米芾为了心爱的藏品是不拘小节的，《清波杂志》中将米芾的这种伎俩叫做"巧偷豪夺"。不止如此，为了心爱的字画作品，米芾甚至不惜以命相逼。

东晋谢安的《八月五日帖》是米芾最心爱的藏品之一，也是"宝晋斋"最珍贵的藏品之一。这幅名作是米芾从蔡京手中获得。可是，此作的获得过程却非同一般。

元祐年间，米芾在李玮府中见到了两晋时期的《晋贤十四帖》，《八月五日帖》就是其中之一。米芾对《晋贤十四帖》一见倾心，久久不能忘怀，十四年以后，《八月五日帖》经过一番辗转，到了米芾的"布衣之交"蔡京手中。

米芾在真州任职时，与蔡京交游。一日，米芾和蔡京一起乘船游玩，蔡京取出一幅谢安的《八月五日帖》让米芾欣赏。该帖苍雄沉着，逸迈奇崛，米芾见了极为兴奋。因为十四年前他也曾见过此帖，只是当时囊中羞涩，一直懊悔不已。不承想今日再次见到，喜不自胜，爱不释手，当即要求蔡京将此藏品送给他，或与他交换。他苦苦哀求，蔡京面有难色。没料到，米芾突然跃上船舷，大声说："你若不给我，我不如跳江死了算了。"蔡京见状，只得把此帖送给他。米芾就用这样的方式"夺"得自己喜爱的书法作品。

这种抢夺的手段实在不太光彩，难怪米芾的好友苏轼在《次韵米芾二王书跋尾》一诗中也取笑他藏品的来路不正："巧偷豪夺古来有，一笑谁似痴虎头？"虽然米芾的方法有些偏激，但其对书画名迹的喜爱也由此可见一斑。

米芾经常以非正当的手法来获得自己喜爱的名帖，并且屡屡

得手。然而，有一次，米芾也吃了"哑巴亏"，有人以同样的方法获得了米芾的画作。

据传说，江苏涟水城中有个荷花池，米芾喜爱作画，经常坐在假山上苦思冥想，观察荷花，画荷花图。荷花池边有个寺庙，寺中的卧佛大师颇有声望。卧佛大师与交情虽然不错，但他向米芾讨幅画却很难。有一次，卧佛大师看见米芾画完了荷花图，素知米芾喜好的他心生一计。卧佛大师准备了几样下酒菜，又提了一壶好酒，就去找米芾喝酒。米芾是个特别爱喝酒的人，加上性格颠狂，喝了没多久就光着脚，披头散发，疯疯颠颠、跌跌撞撞地晃来晃去。过了好一阵子，米芾酒醒了，却找不到荷花图，米芾料定是卧佛大师拿走了，但碍于情面，又没有证据，不好直说。于是，他决定采取旁敲侧击的方法。米芾上门找卧佛对对子，卧佛当然心里知道米芾是为荷花图而来，但他不露声色，显得很镇定，假装不知道。一个指桑问槐，一个装聋作哑，故意打岔。米芾指着荷花池说道："我有一对，对上就算了，对不上就罚作一幅荷花图。"卧佛说："请出对吧！不过，我有言在先，我不会作画，就是输了，也要请你代为作画。"米芾不管三七二十一，出了上联："河里荷花和尚摘去何人戴？"表面上是对对子，实际上是问案。卧佛对到："道旁稻草盗贼窃来到处铺！"对得很工整，米芾见此情景，又出了一个："三年一闰五年再闰阴阳无差无错。"卧佛也不示弱，不假思索地回对道："二月春分八月秋分冷热不短不长。"工整而且精妙，米芾心里暗暗叫苦，嘴上却只能笑着说："好好好。"卧佛心中高兴，随口应声："妙妙妙！" 二人相视一笑，都不表明。米芾的画作就这样归卧佛大师所有了，"以其人之道还治其人之身"，当真是极妙啊！

5. 以假乱真

米芾的书画水平很高，尤其临摹功夫很深，我们现今看到的"二王"的一些作品，都不是"真迹"，而是米芾的仿制品。米芾常借别人的古书画自己临摹，等主人来取时，就把真迹和他自己临摹的作品放在那里，让主人自己挑选，主人往往分不清哪个是真迹，哪个是临本，常常拿错。既得偿所愿又借此炫技的米芾因此十分得意。

据说，有一次，一个书画商人拿着一幅唐人的真迹，叩开了米芾的大门，有意要卖给米芾，价钱有点高。米芾说，你先放这里，一周后你再来，我若要，你把钱拿走；我若不要，你把画拿走。米芾说完，商人就先走了，到了第七天，商人来了。米芾说："画我看了，不错，价钱太高，你又不让价，就请你把画拿走吧，"说着把画打开，并说："你看好，是不是这张画？"商人看了看，客气地回答道："没错，是这张画。"转身就把画拿走了。第二天，商人拿着画又来了，一见面米芾就笑着说："我知道你今天准来，有朋友请我，我都没去，在这儿等你。"商人心里马上明白了，说："是我眼拙，把您的临本拿走了，今天特来奉还。"米芾大笑道："你不来找我，我也一定会去找你，你拿走了临本，我心里特别高兴，有一种说不出的愉快，好了，原本你拿走，临本还给我。"商人取起原本真迹，临本还给米芾。米芾拿此事在朋友中叙说，每次都笑得前仰后合。

当时人们都说米芾"只痴进不痴出"，就是说米芾"只进不出"，不过他也不是每次都能得逞。据说有一次他见到一幅戴嵩的画，画面上是两头蓄势待发、弓角相斗的牛。他见了爱不释手，

便采用老伎俩，临摹了一幅还给主人。谁知主人认出这是摹品，要求米芾归还真迹。米芾问："你为什么确信这是赝品呢？"主人说："真品的牛眼睛里有牧童的影子，这幅画却没有。"原来戴嵩居然在牛的眸子里画了个放牛娃的身影。米芾没有注意这个细节，只好将原作还给对方。

米芾画技高超，但他好作赝本，骗得人家古书画很多，他的朋友们常以此戏谑之。苏东坡跋米芾所收书画云："画地为饼未必似，要令痴儿出馋水"，又云："拙者窃钩辄斩趾"，都是说米芾好取人书画的事。同时，我们也不得不承认，米芾的画技确实高超，出神入化，才能让人真假难辨。

6. 严重洁癖

米芾有严重的洁癖，据《书史会要》："（米芾）博文尚古，性好洁，世号'水淫'"。他从来不与别人共用"器服"，而且只要他用手碰过东西，就要马上把手洗一遍。因此无论走到哪里，仆人都带着一壶水，随时准备伺候米芾洗手。米芾洗手从不用盆，因为嫌盆里的水不干净，他要用流动的水洗手。仆人用一把银壶倒着水，米芾用手接着水洗，洗完后还不用毛巾擦，两只手拍打拍打，直到晾干为止。米芾爱砚至深，但有一次，一个朋友用自己口水试验米芾的宝砚，米芾立即将此砚给了朋友，再也不要了。不仅如此，因为洁癖，米芾还丢过官职。

自己的私人物品，米芾不准任何人染指。有一次上朝时，米芾的朝靴被人动了一下，这下麻烦大了。回到家，米芾把朝靴洗了又洗，刷了又刷，最后把朝靴洗破了，穿不成才算结束。他曾负责太庙的祭祀礼乐，这是宗法社会中最为盛大隆重的仪式。主

持朝廷祭祀活动的时候，要穿规定的祭服。祭祀服装上，绣有火焰等纹样。据说宋朝开国皇帝赵匡胤是火德星君临凡，这祭服上的火焰纹样，便是赵宋王权的象征。米芾嫌祭服有人穿过，便拿回去一遍又一遍地清洗，用力过猛，竟然把衣服上装饰的火焰洗掉了。亏得徽宗素知米芾的性情，没有大加责罚，只将他罢官了事。

跟女儿的终身幸福相比，前面的这些事情应该都不算大事了吧。米芾挑选女婿竟然也与他的洁癖有关。米芾给女儿定亲的时候，挑来选去总是感觉不合适。后来有个南方来的小伙子，名叫段拂，字去尘。米芾一看这个名字就高兴地说："这个年轻人好，已经拂去灰尘了，再去一次尘那就更干净了。"满意地把女儿嫁了过去。

米芾的洁癖由此可见一斑，但是事实证明米芾的眼光也并没有错，据《宋史》记载，段拂南渡后，官至参知政事，相当于副相。由此看来，米芾选择的东床快婿并不仅仅只是有个好名字而已。

也有人说，米芾的洁癖并非天性，有矫揉造作的嫌疑，有人甚至还设计检验其真伪。在庄绰《鸡肋篇》篇中记载：庄绰的父亲曾与米芾交谊深厚，米芾在涟水做监军时，庄父为漕运使，每次传递阅看公文，不但没有要求别人洗手，自己也不曾洗手。庄绰的堂弟曾去拜访米芾，名片刚刚递给他，就嚷嚷要洗手。前后形成鲜明的对比。庄绰由此感慨，世谓米芾性好洁，其实多伪。

赵宋宗室华源郡王赵仲御家，蓄养有许多声色美妓，一次大会宾客，米芾在邀请之列。人们为了试探米芾的洁癖与否，在厅堂专门设一几榻，让米芾独自待着，不与众宾杂陈，让他自斟自

赏。数名鲜衣美姬，坦胸露乳，环绕于众宾客，给他们奉酒。虽然一片杯盘狼藉，但大家其乐融融。米芾落落寡欢，感到一个人干坐着太没意思了，就自己移坐于众宾之间，投壶射鹄，同饮同乐起来。由此知道米芾的洁疾，并非出自天性，只是平素特别爱干净，以致成了洁癖。

7. 米芾驱蝗

在宋神宗时，米芾曾经出任雍丘县（今河南杞县）令。有一年，他所在的地区蝗虫大起，相邻的几个县都遭了殃，只有米芾的辖区内蝗灾轻一些，米芾组织全县百姓捕捉蝗虫，灾情才有所减轻。邻县的官吏采取焚烧土埋等法，仍不见效，蝗虫依旧滋蔓。有人对县官说："我县的蝗虫都是雍丘县驱赶而来的。因此无法捕除。"邻县的县官因此发了一份公文给雍丘县令米芾，指责雍丘县，并要求米芾捕打自己境内的蝗虫，以免滋扰邻县。当时，米芾正在宴请客人，见公文后大笑，取笔大书其后云："蝗虫原是空飞物，天遣来为百姓灾。本县若还驱得去，贵司却请打回来。"人们闻听此事与米芾诗，都笑得合不拢嘴。此事一时传为笑谈。

8. 颠狂米芾

据《书史会要》载："（米芾）违世异俗，每与人迕，人又名'米颠'"。米芾有个外号叫做"米颠"，他的举止异于常人，癫狂之名曾名噪京师，走到哪里，都让人侧目。米芾颠狂是有原因的：除了天性之外，更多的是米芾一直受"出身冗浊"的困扰，又无法摆脱世俗，因此故作颠状来"惊世俗"。

米芾非常仰慕晋、唐古人，书画学习晋人，穿衣打扮也学习唐人，连行为举止也如古人一样狂放不羁。

米芾的奇装异服，当时也曾遭人议论。他喜欢唐代服饰，帽子、袍子仿效唐人，走到哪里都引来人群围观。时间久了，汴京（今开封）城里的男女老少，即便不认识他，也能从着装上知道他就是米芾。米芾的奇装异服，当时也遭人议论。

据明何良君《何氏语林》记载，有一次，他出门赴宴，戴了一顶高檐帽，结果帽子太高，无论如何，也不能戴着帽子坐进轿子里去。米芾又不肯让随从代劳，怕他们弄脏了自己的帽子。左思右想，最后让随从拆了轿子的顶盖，这才安安稳稳地坐进轿子里。一路上为人所惊笑，后来遇到老友晁以道，晁以道见状，也忍俊不禁，哈哈大笑。米芾下轿问："你看我像什么你就笑？"晁以道说："米芾你简直就是鬼章啊！"米芾听完也哈哈大笑起来。当时京师刚捕获一个强盗头子名叫"鬼章"，用囚车将他押解入京时，在车子里也是刚刚露出头来，二人名字又都有一个"章"，所以晁以道有此一比。

米芾的癫狂还不仅限于此，在皇帝面前也不知收敛。据记载，宋徽宗让米芾给他写了四扇屏风。过了两天，给米芾送去了九百两银子，米芾一点也不傻，马上明白了是什么意思，御史对太监说："请您告诉皇上，知道臣子的莫过于皇上啊，我自己也有自知之明。"太监回去禀报给皇上，皇上大笑不止。原来，"九百"相当于现在的"二百五"，跟皇帝也敢如此颠狂作态，士林中没有几人敢如此，因此也招来了不少猜忌。后任礼部员外郎也因此被弹劾罢官。

不过，米芾并不在意别人的流言蜚语，一直保持我行我素的状态，甚至还以自己的颠狂开玩笑。一次与朋友们一起吃饭，东坡也在场，喝到兴致高处，米芾问苏轼："世人都说我疯癫，你认为呢？"东坡笑着说："我跟大家的意见一样。"说完，满座宾客都笑了。

米芾对自己的书法很有自信。一次，宋徽宗与之论书，品评当代书法家的优劣，米芾率性之人，也便毫不客气的说："蔡京不懂笔法，黄庭坚只是描字，苏轼只是画字。"宋徽宗问："那你如何？"米芾说："我，刷字而已。"虽显得有些狂妄自大，却也天真可爱。

米芾虽然有些放诞不羁，但因为性情真实可爱，爽直坦诚，因此朋友很多，且朋友大多也理解他的怪异行为，他们在一起交游唱和，很是开心。

四、米芾的诗词

　　提到米芾，大家都会想到米芾的绘画与书法成就，却很少有人了解他的诗文方面的才能。事实上，米芾的文学才能也是独具特色，成就非凡的，只是因为他的书法、绘画的名气太甚，以至于掩盖了他的诗文成就，正如葛立方在《韵语阳秋》中所说："米元章赋诗绝妙，而人罕称之者，以书名掩之也。"为了对"米颠"有一个全面的了解，我们应该给与其诗文更多的重视。

　　米芾三十岁时，将之前所作的诗文悉数焚尽，因而他早期的作品现在已经看不到了。但后来他的创作成果也颇为丰富，生前有百卷本的文学作品集《山林集》。在米芾临终之际，为了避免党争之祸，自己焚烧了一部分作品。剩下的一部分创作经过宋金之战，宋室南渡之后，散佚殆尽。南宋宁宗嘉泰元年（1201），米芾的孙子米宪编成《宝晋英光集拾遗》八卷（包括《书史》《画史》《宝章待访录》），"宝晋"二字来自米芾任无为军时，收藏藏品的书斋名。后岳珂辑佚重编米芾的作品，成《宝晋英光集》八卷，所收诗文与米宪所辑大致相同，惟编次不同。这两部作品收录的米芾诗文只是米芾全部作品的一小部分，正如岳珂在《宝晋英光集》序言中所说"今所会萃附益，未十之一"，米芾大部分作品都

在流传过程中遗失了，这两部作品集几乎涵盖了目前能看到的米芾的所有诗文作品，成为当代研究米芾文学作品的重要参考。米芾另有《海岳名言》《研史》等流传至今。

从现存的米芾的文学作品来看，各体诗共有 250 首左右，词 17 首，赋 4 篇，碑、铭、序、记等各体文两卷。这里的 250 首左右的诗歌，是根据《全宋诗》，将米芾的楚辞、赞、偈全部作为诗收入。可见，米芾现存的文学作品数量也并不少，而且其中也有很多精妙之作，只是对其文学创作的研究不如对其书画的研究多。

1. 山水景物诗

米芾的二百多首诗歌中，按诗歌体裁来分，律诗和绝句的数量较多，另外还有一定数量的古体诗，甚至还有楚辞一首。若按诗歌的题材内容来分，则以山水景物诗占据半壁江山，另有论书画诗、咏怀诗、赠答诗、咏物参禅诗等几类。

中国是一个诗的国度，而山水景物是历代诗人都喜爱的题材。千百年来，历代的诗人面对喜爱的青山绿水，都情不自禁地发出了自己的呼唤，寄托自己的情感。在先秦和汉代，就已经有一些描山摹水，吟咏景物的美妙诗句。建安时期，曹操的一首《观沧海》，描绘了雄奇的山水海天，惊涛拍岸的自然景色，令人印象深刻，被公认为中国文学史上第一首完整的山水诗。魏晋南北朝时期的谢灵运、陶渊明、谢朓等人写下了大量的广为人知的山水田园诗歌，尤其是谢灵运和陶渊明，谢灵运是中国山水诗歌的开创者，而陶渊明则开创了中国的田园诗一派。到了诗歌发展顶峰的唐代，天才诗人李白以其奇幻的想象，奇谲的笔调，创作了一些带有仙气的山水景物诗。以王孟诗派为典型代表的山水田园诗派将山水田园诗的发展带到了一个高峰，王维"诗中有画，画中有诗"的山水诗使诗歌动静结合，于自然之中透着一股禅意；孟浩然的山水田园诗则以平淡自然而意蕴无穷为胜。到了宋代，与米芾差不多同时代的王安石、苏轼、黄庭坚的山水诗都有很高的成就，而他们都和米芾有密切的交游，因此在山水诗的创作方面，王安石等人对米芾的影响很大，而且米芾又是当时著名的山水画家，他开创的"米家云山"堪称一绝，在中国绘画史上有极高的地位。诗歌创作和绘画也是有相通之处的，因此，山水画家米芾创作的山水诗充满了自己的特色。

米芾是一个以自我为中心的艺术家，即使是生活在政局动荡、党争激烈的的北宋中后期，米芾的诗里也很少能看到现实政治对他的触动，他反而更动地是寄情于山水，创作了大量的山水诗歌。

米芾的山水诗，有的气势磅礴，用字险而奇；有的用寥寥数语，勾画出一派瑰丽绚烂的景象；有的则是以自然清新的笔触，带出一抹幽然淡远的意境。总的来说，借用大文豪苏东坡对米芾的一句评价就是，米芾的诗充满了"凌云之气"，而且往往有"超妙入神之字"，整个诗歌显得大气而不俗。七言古诗《揽秀亭》就是米芾山水诗歌中具有"凌然之气"的一首代表作。

群峰矫矫蛟龙颠，冲波鼓说方回旋。
排空刻削万初碧，秀色直上干云天。
地形天巧世莫测，插出怪变知何年。
傍惊列翠不入手，拟将瘦瘠束差肩。
何人高致得入手，择奇结构当其前。
丹甍绣桷丽朝日，绮疏藻井摇非烟。

葱苍数里拂巾被，蓊郁众木临书筵。

开扉割得晓光莹，绕榻飞来佳气鲜。

乘闲超忽不知已，徒觉四顾清无边。

毫眉主人曳芒履，策杖欲作商宫仙。

犀尊荡漾泻醇醴，招宾集醉秋风莲。

莲花菡萏翠的皪，皎月照耀争婵娟。

金丝镂戛乱两耳，醉倒三百黄金船。

风流不见谢太守，昭亭朗赋磨新镌。

放傲岂如王逸少，兰亭草圣窥天全。

才华墨妙古已远，只今唯有空山川。

孰若开编乐教子，坐使发策惊前贤。

还当操笔俯栏循，试与采撷供诗篇。

　　首句就将群山比作蛟龙起舞，用蛟龙回旋的舞姿形容群山的灵动。开篇就抓住了读者的眼球，接下来，用"刻削""干云天""天巧""瘦瘠"等词语写出了山峰的高耸入云天以及陡峭异常的特点。而在如此悬崖陡壁之上，矗立着一座巧夺天工的揽秀亭，此亭结构奇巧，雕龙盘凤，华丽异常。在亭中观赏到的景色更是令人称奇：云山雾绕，翠波荡漾，林木蓊郁，空气清爽，让人仿佛置身于仙境。如此美妙的景色怎能自己独自欣赏，因而他呼朋引伴，大醉一场，丝竹音乐，放浪形骸，让人如痴如醉。看到此情此景，不仅想起了王羲之、谢朓等古代"前贤"，他们若见此美景，也定当操笔书之吧。

　　前半段以奇谲的想象，峭拔的语言，逼真的描摹，使绝峭的群山，华美的亭子展现在我们眼前，读来荡气回肠，让人震撼。

后半段以清丽的语眼，较为舒缓的语调，描述了破晓之光、莲花菡萏、月色皎洁、丝竹声声等等变换的场景，令人目不暇接，眼花缭乱。通篇想象新奇、气势非凡、色彩绚丽、感情奔放。

这首诗应作于元丰四年，三十一岁米芾解任长沙掾北归，经游庐山时所作。此时的米芾正值青壮年，血气方刚，对前途和未来信心满满，壮志凌云尽显于诗歌之中，因而这类诗歌好用险奇之语，爱用典故，声色绚烂，气势恢宏。

米芾的古体诗风格上多如前面所列举的《揽秀亭》一样，华丽绚烂，气势恢宏，有很多佳作。他的一些近体山水诗虽不如古体诗写得那么诡谲奇险，但总体上还是保持着他气势恢宏，境界阔大的特点，以一首七言律诗《绍圣二年八月十八日观潮于浙江亭书》为例：

怒势豪声逆海门，舟人传是子胥魂。
天排云阵千雷震，地卷银山万马奔。
高与月轮参朔望，信如壶漏报朝昏。
吴争越战成何事，一曲渔歌过远村。

绍圣二年，米芾闲居在润州，八月十八日前往钱塘江观潮时所作的诗歌。首句开门见山地写出了钱塘江大潮的两个特点：一是惊涛拍岸，势头很猛；二是涛声宏大，震天撼地。滚滚地钱塘江潮越过杭州湾口，直奔堤岸而来，渔人都传说这是伍子胥的魂魄随波而来了。这一句中，蕴藏了一个典故，传说夫差整日与西施吃喝玩乐，开国大臣伍子胥多次劝谏大王要勤于政事，惹得夫差很不高兴，后来又有馋臣诬陷伍子胥要谋反，夫差听信谗言，

于是赐了一把"属镂"宝剑让伍子胥自杀。为吴国出生入死的伍子胥接到诏令后很是寒心，无奈而悲愤地挥剑自杀了。伍子胥死后，夫差还不解气，他让人把伍子胥的尸体装在马革做的皮袋子中，投入江中，又命人将伍子胥的头砍下来，挂在城门上，并说："日月烤着你的肉，风沙吹着你的眼，光照射着你的骨头，鱼鳖吃着你的肉。等你的尸体变成了灰，我看你还有什么高见？"于是，伍子胥的尸体被扔进了江中，随波逐流。因此都传说，那来来回回激荡着的潮水正是伍子胥愤怒的灵魂啊！以伍子胥的怨恨之大来形容潮水之猛，形象而独特。第二句"天排云阵千雷震，地卷银山万马奔"则是对首句"怒势"与"豪声"的具体描写。一波接一波如云阵般奔腾的潮水，声势浩大，仿佛千雷齐震；一浪又一浪如银山般涌动的水花，气势恢宏，仿佛万马奔腾。有声有色，用比喻的手法将波涛的动态形象地再现于读者眼前。前两句是对钱塘江潮的正面描写，一个"进"字，将钱塘江大潮进入杭州湾那一瞬间的气势表现的淋漓尽致，杭州湾口呈喇叭状，潮水由较宽的海域骤然进入了窄窄的河口，潮水立马暴涨。就是这涨潮的一瞬间，如银瓶乍破，水浆"嘭"一声迸发出来。这个"进"字用得绝妙，那种奔放的气势，那迅雷不及掩耳的速度，都包含在了这一个字里面。开篇两句笔力千钧，波澜壮阔之景尽在眼前。

第三句运用了比喻的手法，描写潮了潮头之高以及潮信之确。钱塘江潮水天下闻名，是世界三大涌潮之一，每年农历八月十八，太阳、月球、地球几乎在一条直线上，这天海水受到的太阳和月亮的引潮力最大，海水表面便会发生周期性的潮汐涨落。在这一天，钱塘江的涌潮也是全年最大的一天，由于河口窄，加上潮水涌入之后在澉浦附近的河床沙坎受阻，便会掀起三至五米高的潮浪，河湾越来越窄，浪叠浪，潮水可达十米高，有时还会发生"回头潮"、"冲天潮"、"冲天潮"发生于在堤坝相交转弯角的处，汹涌的潮水被兜住，无法流出，潮水相互碰撞，"哗"一声巨响，潮头直冲云天。激发起一股水柱，低者二、三米，高者可达十多米，观潮之人无不震撼。米芾看到了这么大的潮水，心里也很是激动。在他眼里看来，那潮头仿佛高及月轮，要冲到月亮上一样。月亮有满月（望，农历每月十五），也有新月（朔，农历每月初一），而潮水正与月的盈亏相呼应，有涨潮之时，亦有潮落之时，大自然的万物都是息息相关的。也正是因为这一点，钱塘江大潮每年潮起之时，也是有确切日期的，就是在每年的农历八月十六到八月十八之间，就如计时的壶漏一般，分毫不差。颈联虽然不如前两联写得那么激烈，但是也很形象地写出了潮水高而准时的特点。如此壮阔的景象，却并没有激起元章的豪情壮志，相反地，他心底反而涌起了一丝无端的失落。想想在伍子胥的年代，吴国与越国之间的战争何其激烈，为了赢得胜利使用了各种手段，可如今又如何，一切都成为了历史，徒剩下伍子胥的魂魄在海中随波逐流，与浪潮一起咆哮。一切的繁华都已逝去，只剩下渔人的这一曲渔歌悠悠地飘荡在远村之中。

　　前几句皆充满豪气，末句却笔峰一转，以吴越争战结束了整首诗，既与首句相呼应，也以怀古映证古今，前面两句气势磅礴，末句却一笔扫平，然而毫无不谐之感，足见得米芾功力之深厚。米芾末句这样收尾是有原因的，结合米芾的生平来看，绍圣二年，米芾四十五岁，从雍丘县令任上辞官回到润州赋闲，本来的豪情壮志都已随着雍丘任上的夏税之争消磨殆尽，人到中年对官场失去信心的他，看到澎湃的钱塘江潮，想到当年的伍子胥，难掩心

中一丝失落。然而，他的心中更多地却是释然，一切都将随着时间的消逝消磨殆尽，那么，自己又还有什么可难过的呢?!

虽然末句一笔扫平，但整首诗歌总体上还是以大气、豪迈为主旋律，像这样的律诗还有很多，又如他的名作《望海楼》（全名《和孙少述润州望海楼》）：

> 云间铁瓮近青天，缥缈飞楼百尺连。
> 三峡江声流笔底，六朝帆影落樽前。
> 几番画角催红日，无事沧洲起白烟。
> 忽忆赏心何处是，春风秋月两茫然。

这首诗作于米芾在润州担任州学教授之时。望海楼当时是城中最高处，从楼上可以观望到浩瀚的长江，时隐时现的云霞，是观赏江南风景的绝佳位置。秋日傍晚，米芾登上望海楼，身在铁瓮城，看着眼前的美景，不禁有感而发。这首诗就是米芾在望海楼上的名作。首句也是按照米芾一贯的风格，写出了望海楼最大的特点——高，但这收拾开篇并没有直接写望海楼，而是先写楼所踞的城池——铁瓮城（镇江的旧称，铁瓮城本是三国时期，东吴孙权建于镇江京口北固山上的一座军事堡垒，处于险要之地，地势高峻。）高耸云间，临近青天；紧接着再写百尺高楼（即望海楼）盘踞其上，前后勾连，楼顶在云彩中穿梭，飘飘欲飞，更加凸显出了望海楼之高。颔联转换了角度，写出了在楼中的所见所感。捧着一樽美酒，听着那滚滚东流的长江水声，看着江上那远去的帆影，不禁想提笔画下这美妙的景色。这句写得很巧妙，一个"流"字，一个"落"字，显得很随意，仿佛江水和帆影就那么漫不经心地"路过"了诗人一般。本来是诗人听见了江水的声音，看见了江上的船帆，不禁产生了创作之意，却说是江水流到了笔底，帆影落到了酒杯前，赋予了江水、帆影以生命力，仿佛他们是活生生的生命一般，自己来到了诗人跟前，形象而不枯燥。也说明了作者是面对美景自然产生的灵感，灵感来了，才思泉涌，并不是为了创作而创作。看着眼前的美景，诗人的思绪不禁飞到了六朝时期，那时候的江水也定如现在这般延绵不绝，那时候的船只也正如现在一般来来往往吧，六朝的繁荣与现在何其相似呢！

　　正当作者沉浸在这良辰美景之时，声声的号角唤醒了诗人。看着远处那一抹绯红的晚霞，看着那正缓缓落入西山的太阳，耳边这号角仿佛是在催促着太阳快快落下；水滨升起了袅袅白烟，鸟儿纷纷归巢，面对这样的赏心悦目的美景，本该高兴才是，可是，那繁荣的六朝终究是随着大江东流而去了，而"我"又有什么可开心的呢？终究只是一场梦，一场空罢了。末句难掩诗人心中的失意之情，米芾一直身居案牍小吏之职，空有一身抱负却无处施展，虽然表面放荡不羁，面对此情此景，心里的一丝失意还是难以掩饰，借诗歌表现了出来。"春风"和"秋月"本不是愁情之物，然而一个"茫然"却让这种淡淡的忧伤弥漫开来，春来秋去，"我"依然只是这样而已，失意之情溢于言表。

　　上面两首诗都是写景抒情诗，融情于景，从诗中，我们不仅能看出米芾的大气，也能看出他的"颠"性，米芾的思维跳跃性很大，他的思维可能不是一条线性的发展，而是随着思绪的飘移，跳跃式的发展，使整首诗充满了惊喜。另外，米芾特别讲究"炼字"，用字精准，往往用一个很精练的字就将全诗的意味带了出来，使整首诗显得灵动起来。而且，米芾有很强的驾驭诗歌的能力，收放自如，开篇写得大气磅礴，但并不是一味地堆砌华丽的辞藻或是大放厥词，而是笔峰一转，恰到好处地收回来，将全篇处理得张弛有度，

上面所列举的两首诗歌只是米芾"清雄绝俗"诗歌的其中两首，除此之外，在真州壮观楼，涟水海岱楼，松江垂虹亭，他都留下了很多这样的诗歌，这里就不一一赘述了。除了这样大气的山水诗，米芾还作了一些清丽自然，意境悠远的诗作，这些诗歌则更多地像他的山水画一般，充满了水墨淡远之致，下面我们具体来看一下这几首诗。

山晚烟栖树，渔收鹭宿沙。曲生初月魄，远淡满川霞。

——《净名五首》其一

晴新山色黛，风纵芦花白。尽日倚栏干，寒宵低细月。

——《赏心亭晚望》

鸥鹭依寒水，兼霞静晚风。烟光秋雨细，树色碧山重。

——《过当涂》

方籁寒空响，群山隐映开。迟迟暮钟里，且唤竹典来。

——《万籁》

相对于前面的所列举的两首诗歌，这几首诗歌除了在体制上更短，在风格上更是与前一类诗歌大不相同。前一类诗歌想象奇特，气势磅礴，而这一类诗歌却如涓涓细流一般，沁人心脾，显得清新绝尘。

　　看以上的几首诗，多黑白色及"烟雨""淡远"等字眼，语言简练，诗中几乎不用典故，只是淡淡地将眼前的山光水色、烟雨晚霞、暮钟声声、鸥鹭细月描绘出来。虽不加渲染，却描绘得有声有色，动静结合，全诗意境悠远，仿佛一幅幅山水画般，静谧而美好。米芾与唐代的王维有些类似，都是著名的山水画家，在他们的诗歌中，也自然透露出山水画的意味。王维的景物诗最大的特点是"诗中有画，画中有诗"，米芾的景物诗则是"以诗为画"——整首诗共同构成了一幅完整的山水画。这类山水诗歌所创造的意境与米芾所创造的的"米家云山"的意境是相统一的。米芾清润冲淡的画风对他的山水诗歌有深远的影响，因此使得米芾有一部分山水诗突出了水墨淡远之致。

　　这种清新自然的风格与米芾举止怪异，行为荒诞的行为大相径庭，这类诗作往往是在跑官途中看到了美景，或是被眼前的美景所震撼，不由自主地流露出的情感。而且，最大的原因是，这些作品多作于后期。米芾步入老年之后，心境与壮年时相比已发生了根本的变化。到了人生的后期，已遍尝了人间的酸甜苦辣，对壮年时心心所念的的事物也已看透，浮躁的心境已逐渐趋于平和，因此，相比于华丽繁华，老年的米芾更加倾向于自然平淡，正如苏轼所说的："凡文字，少小时须令气象峥嵘，采色绚烂，渐老渐熟，乃造平淡。其实不是平淡，绚烂之极也。"正所谓"繁华落尽见真纯"。

山水景物诗是米芾诗歌创作中最大的一类，也是最突出的一类，在一定程度上代表了米芾诗歌创作的整体风格和水平。

2. 论书画诗

除了山水诗之外，米芾还有论书画诗、咏怀诗、赠答诗、咏物参禅诗等几类，下面一一论述。

米芾终生以收藏名家书画为使命，为了心爱的字画也做出了许多"疯癫的行为"，他喜爱书画到了痴迷的地步，创作了很多谈书论画之作。论书画诗也其诗歌创作重要的一个组成部分。在论书画诗中，他既表达了自己对书法、绘画的独到观点，也表达了对书画作品的喜爱。

米芾年轻时曾学习过唐人的书法，非常喜爱张旭及怀素的狂草，作《智袖草书》一诗给予怀素的狂草极高的评价。

人老张爱书已颠，我知醉素心通天。笔锋卷起三峡水，墨色染遍万壑泉。兴来飒飒吼风雨，落纸往往翻云烟。怒蛟狂虺忽惊走，满手黑电争回旋。人间一日醉梦觉，物外万态涵无边。使人壮观不知己，脱身直恐凌飞仙。弃笔为山傥无苦，洗墨成池何足数。由来精绝自凝神，不在公孙浑脱舞。

诗中，将张旭的狂草比作蛟龙，对其狂草的潇洒磊落，变幻莫测崇拜不已，但是这种看法在米芾见到苏轼之后发生了翻天覆地的变化。苏轼告诉他要学习晋人风范，米芾在学习了晋人书法后，彻底颠覆了自己的书学观念，将张旭狂草贬得一文不值。在

《寄薛绍彭》一诗中，他这样写道："公权丑怪恶札祖，从兹古法荡无遗。张颠与柳颇同罪，鼓吹俗子起乱离"，认为张旭与柳公权一样，使得"古法"荡然无存，这里的古法，当然指得就是"晋人书法风范"了。后来，米芾书学观念的改变也证明了这一点，在米芾心中，晋人风范才是真正的典范，对于晋代"二王"（王羲之、王献之）的书法，他尤为喜欢，不惜花重金购得各种版本的《兰亭》摹本。元丰七年，在得到王献之《十二月帖》（即苏氏宝帖），并王羲之《快雪时晴帖》之后，非常高兴，作《王献之苏氏宝帖赞》表达了对二王书法的喜爱。

　　　　狩太宰，秀当代。灵襟疏，冲韵迈。一笔落，两行
　　带。云龙廷，走百怪。惊电掣，断岜快。盘偓寒，意无
　　在。藐百川，会百海。人那知，冠千载。

　　诗中，写出了二王"飘若浮云，矫若惊龙"的书法特点，每一句都是对二王书法特点的概括：行笔潇洒飘逸，笔势委婉含蓄，平和自然，遒美健秀。并认为二王书法"冠千载"，千百年来都无人能超越。一向恃才傲物的米芾对于二王书法评价如此之高，也足以见其喜爱之情了。

　　《题董北苑画》《题巨然海野图》两首论书画诗表现出了米芾喜爱的绘画风格。

　　　　千峰突兀插空立，万木萧疏拥涧阴。日暮草堂犹未
　　掩，从知尘土远山林。
　　　　　　　　　　　　　　　　　　　　　　——《题董北苑画》

江郊海野坡陀阔，林远烟疏淡天末。枰分菜町暮潮
生，星列渔乡夜梁活，关荆大图矜秀拔，取巧施工不真
绝。意全万象无不括，维摩老手巨然夺。桥防忽觉来人
物，接葘肯更图牛羯。渊淳浪汱开龙阅，汩入瀿翻下鲸
映。楠盘疑是少陵宅，芦深恐有詹何客。黄尘蔽天归兴
浩，时向虚斋一开涤。

——《题巨然海野图》

　　米芾对五代时董源、巨然的画作很是青睐。董源并不是传统
意义上的大画家，历来也不被人所重视，但从此诗可以看出，董
源的画作画出了千峰突立，万木萧肃，草堂独立、一幅世外桃源
般的画面，整幅画作表现出了自然平和，疏淡萧索的意境，这和
米芾推崇的"平淡自然"的美学观念不谋而合，因此米芾喜爱两
人的画作。也正是因为米芾的推崇，后世对董源、巨然的画作给
予了很大的重视。

　　米芾除了是书法大家、绘画大家之外，还是一位鉴赏书画的
高手。因此，在论书画诗中，他除了表达自己的书学、绘画观点
外，还表达自己鉴赏书法的方法和经验。在《刘泾收得梁武像见
报，余时在涟漪，答以诗》中，他详细地告知刘泾鉴别方法，从
人物的衣着神态，侍女和武士的状态等各个方面，米芾判定为六
朝梁武帝画像。真知灼见，令人佩服。

　　在鉴赏方面，米芾很有自己的一套方法，常常能看出别人所
看不到的细节，并依此来鉴别真伪。在《太师行寄王太史彦舟》
一诗中，他就指出王彦舟出示的《东晋十三帖》中的第十一件是

混入的唐初褚遂良的书法作品。此语一出，语惊四座。足见米芾在鉴定书画方面的功力。徽宗时期，开办了"御前书画所"，由米芾主管，专门为内府鉴定、著录书画。可见，米芾的鉴赏功力非比寻常，得到了皇帝的认可。

在一些论书画诗中，米芾怀着满腔的热情，表达了自己对书画的热爱。

> 辽海来稀顾楼蚁，仰霄孤吸留清耳。从容雅步在庭除，浩荡闲心存万里。乘轩未失入佳谈，写真不妄传诗史。好艺心灵自不凡，臭秽功名皆一戏。
>
> ——《题苏中令家故物薛稷鹤》

诗中，借着对从容高雅的鹤的描述，表达了自己的观点。他认为：喜爱艺术的心灵才是非凡的，功名富贵不过是一场戏罢了。只有艺术才能升华人的灵魂，只有醉心于艺术的研究才能不负此生。米芾一生贫苦，倾家荡产购买书画名迹，在别人眼里可能很傻，但在米芾看来，"功名皆一戏，未觉负生平"（《题所得蒋氏帖》），为艺术而献身的一生，才是真正的不枉此生。

米芾的论书画诗体现了在书画方面的一些独到看法见解，这类诗歌多以议论为诗，符合宋诗的整体特点。而且，从其论张旭、二王书法的诗歌中，也体现了米芾诗歌"清雄绝俗"的整体特点。

3. 咏怀诗

米芾身处党争激烈的北宋中后期，相比于同时代的诗人，颠狂张扬的米芾诗中现实的题材比较少，但还是有一些抒发心怀，吟咏性情之作。对于百姓的疾苦，米芾心中也是很有体会的，在他的《催租》一诗中，表达了对百姓切身的同情。

> 一司日日下赈济，一司旦旦催租税。单杖请出三抄纳，百姓眼中聊一视。白头县令受薄禄，不敢鞭笞怒上帝。救民无术告朝廷，监庙东归早相乞。

这首诗是米芾担任雍丘县令时所作，因为心疼百姓受了灾还要缴纳租税，因此与前来征税的常平官起了争执，最终诉诸于朝廷，可惜并没有得到理想的效果。米芾觉得十分无奈，于是作此诗来表达自己的愤懑。在诗中，他将百姓比作"上帝"，声称自己不敢鞭笞"上帝"，这样一来他就完不成朝廷交给他的"夏税"的任务；另一方面，米芾也"不令（百姓）受赈时催"，因此向朝廷抗争，无果，深感"救民无术"的米芾，只有乞求"监庙东归"。这首诗并不是米芾一时置气所作，他是真心为百姓鸣不平的，后来他又写了一首《求监庙作》，诗中更显愤慨。

> 窃禄江湖事不撄，微祠旧足代深耕。敢为野史摅幽愤，待广由庚颂太平。

在此诗中，米芾明确表示自己想以诗文来揭发不平，虽然此后意识到自己并不能做到，但作这两首诗时，米芾还是怀着一腔为民请命的热忱的。这两首诗也是米芾诗歌中少有的关注现实的诗作，米芾的咏怀诗，更多的是倾诉自己的理想与内心感受。

在米芾给宰相吕大防的献诗《芾顿首今日去国之官谨成拙诗

上献相公汲公钧席下执某顿首上》中，就明确表达了自己"有志隆宋业"的雄心壮志，以及"所叹志不宣"的怀才不遇之感。米芾与杜甫"致君尧舜上"的理想一样，也有"敢陈必尧舜"的高远理想，希望在仕途上能有一番作为，然而现实的党争那么激烈，他的愿望很难实现。虽然在诗中他宣称"此志苟不遂，江湖终浩然"，但米芾始终是对官场存有希望，不甘心就此终老于江湖。在另一首诗作《青山》中，米芾也表达了自己的雄心。

　　一园松竹冷阴森，犹得桓公叹可临。却匹刘琨看左传，玉壶徒缺误雄心。

　　这首诗中运用了典故，相传王敦读书只读《左传》，"学通左氏"。王敦认为晋元帝中兴，功劳都是自己的，而刘琨在给晋元帝司马睿的《劝进表》中，以"天祚大晋，必将有主，主晋祚者，非大王而谁！"劝进皇帝，这让王敦很不高兴，他把《劝进表》扔到地上，说道："我读《左传》三十年，今天居然被刘琨给利用了。"王敦是一个怀有逆反之心的大臣，加上王氏家族位高权重，很为皇帝司马睿所忌惮。他每次喝完酒之后，就一边高声朗诵"老骥伏枥，志在千里。烈士暮年，壮心不已"，一边以如意敲打唾壶，壶口都被打缺了。后世往往用"看左传"与"敲缺玉壶"两个典故来表明自己渴望施展才能，壮怀激烈。桓公即桓温，是东晋杰出的军事家、权臣，他的儿子桓玄建立桓楚后，追尊为"楚宣武皇帝"。桓温自认为雄姿英发，常自比于刘琨。刘琨是西晋政治家、文学家、音乐家、军事家，文武兼备，出身名门，战功显赫。桓公很倾慕刘琨，希望能如他一样有个好名声，可惜晚

年桓温弄权为皇帝所忌惮，到死也没有得到九锡（九锡是中国古代皇帝赐给诸侯、大臣有殊勋者的九种礼器，是最高礼遇的表示）之礼。桓温功高震主，且有逆反之心，他采取"废帝以立威"的策略，废皇帝司马奕为东海王，改立司马昱为帝，因此《晋书》将桓温与反臣王敦并列一传。桓公本想与刘琨相匹，不料却只落得与王敦齐名的下场。米芾这首诗虽然是感慨古人，怀古伤今，然而从诗中，我们也可以看出，米芾内心也是渴望能做出一番成绩的，可是这个愿望对于米芾来说只能是一种奢望。在宋代，以恩荫入仕的官员，地位卑微，只能担任小吏，再加上米芾不愿意与贪官污吏同流合污，这就注定了米芾只能担任一些默默无闻的官职。人微言轻的米芾，为了在官场混下去，也从多年的摸爬滚打中总结出了一套自己的处世"哲学"：

> 庖丁解牛刀，无厚入有间。以此交世故，了不见后患。奈何触祸心，忿气益滋蔓。是非错相干，恶成那及谏。智者善持己，颇觉操修辩。此道固不远，可约亦可散。黄帝本斋心，斯民即晏粲。
>
> ——《庖丁解牛刀》

在这首《庖丁解牛刀》诗中，米芾以"庖丁解牛"之术来解释自己的处世之道，就是名义上不参加任何一个党派，与每个党派都交好，"无厚有间"，在其中游刃有余，这体现了米芾圆滑、狡黠的一面，也是他躲避灾祸、牵连的一种手段。但这也注定了他只能做一些外围的小官，不可能成为股肱之臣。

在一些小地方担任了父母官之后，米芾也切身地体会到了酷吏对百姓的侵扰，无力解决现状的米芾慢慢对官场失去了信心，因而寄情于书画，以此为终生事业。在《拜中岳庙作》一诗中，米芾表达了自己不愿成为"俗吏"，并表示希望能"静洗看山晴"，对于官场非常失望的米芾，已决心要退隐山中，云游四方，并以"图书老此生"。

米芾自雍丘县令之后，一直坚持无为而治，把大部分的时间都花在了书画创作与收藏上。身居闲职的米芾，内心是很矛盾的，虽然得以醉心于自己喜爱的书画，却为自己领着"闲禄"无作为而感到惭愧，可见，其实在米芾的心里，虽然对官场已经非常失望，但内心还是希冀有所作为的。正是这种潜在心理，当米芾在蔡京的提拔下，当上书画学博士，获得皇帝赏识之后，他难掩内心的激动，颇为得意地写下了《奉诏书御轴》一诗。

目炫五光开，云蒸步起雷。不知天近远，亲见玉皇来。

诗中米芾的颠性又显现出来，一句"不知天近远，亲见玉皇来"，得意之态尽显于前。虽然得意了一阵子，但一段时间之后，米芾对这个闲职还是不甚满意，在《虹县诗二首》中，他以诗句"长安又到人徒老，吾道何时定复东。题柱扁舟真老矣，竟无事业奏肤公"明确地表达出了自己年事已高却无所作为的苦闷。

米芾的咏怀诗以抒发自己的怀才不遇之感为主要内容。除此之外，他写给苏东坡的五首悼挽诗，也很有价值，诗中，深情地回忆了两人过去交往的种种事情，写得情深意重，令人叹惋、唏嘘。

总的来说，米芾的感怀诗多抒发个人宦途上穷通际遇的感受，

而且这类诗作因贯注了诗人的真实性情而呈现出一种鲜活与灵动。在这类诗作中，体现出了米芾的"颠"性，与其豪迈的诗风是一致的。

4. 赠答诗

米芾的朋友很多，与旧党的苏轼及其门人黄庭坚、秦观、晁氏兄弟、张耒、王诜、蔡肇等人，与新党的林希、沈括、谢景温、许将、蒋之奇、王汉之、王涣之兄弟等都有不同程度的交游。朋友多了，与朋友往来唱和之作自然也不少。这些朋友之中，米芾与薛绍彭、刘泾来往深密，赠和应答之作也最多。据蔡肇《故南宫舍人米公墓志》记载："（米芾）平生与游，多天下士。蜀道刘泾、长安薛绍彭好奇尚古，相与为忘形交，风神萧散，是其一流人也。"米芾之所以与刘泾与薛绍彭交往密切，是因为三人有共同的兴趣爱好——好奇尚古，喜爱收藏，他们两人不是"俗客"，而是"好客"。米芾的赠答诗共有二十余首，其中近十首是与薛绍彭、刘泾之间的。他们如兄弟一般，相互交好，相互称赞。

世言米薛或薛米，犹言弟兄与兄弟。四海论年我不卑，品定多应定如是。

——《答薛绍彭寄书》

唐满书奁晋不收，却缘自不信双眸。发狂为报蟊龙子，不怕人称米薛刘。

——《答刘泾书》

在鉴定书画方面，三人相互交流，对彼此的鉴赏水平也很赞赏，三个人如亲兄弟一般，是如同"兄"与"弟"的关系。兄弟之间，自然是相互书信来往的，三人经常以诗歌来鉴赏书画，诉说相思。

　　萧李骓子弟，不收慰问帖。妙迹固通神，水火土更劫。所存慰问者，班班在箱箧。使恶乃神护，不然无寸札。自此趣画相，后人眼徒眨。

　　　　　　　　　　——《寄题薛绍彭新收钱氏子敬帖》

　　越筠万杵如金版，安用杭油与池萤。高压巴郡乌丝栏，平欺泽国清华练。老无他物适心目，天使残年同笔砚。图书满室翰墨香，刘薛何时眼中见。

　　　　　　　　　　——《砠越竹学书作诗寄薛绍彭刘泾》

　　老来书兴独未忘，颇得薛老徜徉。天下有识推鉴定，龙宫无术疗膏肓。淮风吹载稀讼牒，典客闭阁闲壶浆。吟树对山风景聚，墨池濯砚龟鱼藏。珠台宝气每贯日，月观桂实时飘香。银淮烛天限织女，烟海括地生灵光。携儿乃是翰墨侣，侠竹不使舆卫将。象管钿轴映瑞锦，玉鳞棐几铺云防。依依烟华动勃郁，矫矫龙蛇起混茫。持此以为风月伴，四时之乐乐未央。部刺不纠翰墨病，圣恩养在林泉乡。风沙涨天乌帽客，胡不东来从北荒。

　　　　　　　　　　——《自涟漪寄薛绍彭》

　　欧怪褚妍不自持，犹能半蹈古人规。公权丑怪恶札

祖，从兹古法荡无遗。张颠与柳颇同罪，鼓吹俗子起乱离。怀素獝獠小解事，仅趋平淡如盲医。可怜智永研空臼，去本一步呈千嗤。已矣此生为此困，有口能谈手不随。谁云心存乃笔到，天工自是秘精微。二王之前有高古，有志欲购无高赀。殷勤分治薛绍彭，散金购取重跋题。

——《寄薛绍彭》

这些诗作中，米芾表达了自己不喜欢唐代怀素、柳公权的书法，喜爱晋代王羲之、王献之书法的观点，而且还与刘泾与薛绍彭交流鉴赏的经验。当另外两人收到好的藏品时，也与他们同乐，对于刘泾在鉴赏书画方面不正确的地方，也细心地给与纠正，三人关系很是随意。在《自涟漪寄薛绍彭》一诗中，一句"老来书兴独未忘，颇得薛老徜徉"即道出了米芾对薛绍彭的喜爱之情。在米芾看来，与刘泾、薛绍彭一起交游，是很放松，很安闲自得的事情。三人相互欣赏，互相引以为知己。

除了与薛绍彭与刘泾有很多首赠答诗外，米芾还有一些与其他朋友的赠答诗，有的是在送别友人时所作，有的是寄给朋友的书信。

万里相分又一时，怜君身世半差池。老来扰得安城守，夜召尚淹宣室思。越岭寒横迎吏渴，荆云暮合燕归迟。江湖还送天涯客，憔悴江湖更别离。
——《诗送吴丈宾州使君元丰己丑长沙抹舍真禧道人》

垂虹秋色醉题诗，径及银涛濯酒卮。雅谑高谈倾国士，英风侠气吓吴儿。五侯倒屣重前席，三岁专经却下帷。早把黄金买嵩少，西湖逸客有心期。

——《送水丘先生入都》

久阴障夺佳山川，长澜四溢鱼龙渊。众看李郭渡浮玉，晴风扫出清明天。颇闻妙力开大施，足病不列诸方仙。想应苍壁有垂露，照水百怪愁寒烟。

——《东坡居士作水陆于金山相招足疮不能往作此以之》

银蟾倒挂摇清晖，当中桂子初低垂。飞空已历万古尽，下照不使秋毫欺。栽培不畏雪霜苦，转盼冰轮涌东海，长天一派成琉璃叶，紫府有陌驰修枝。剪拂岂容刀斧为。吹。宁论匠石可斲削，明河无声驾飞得，紫微宫阙藏其私。姮娥爱惜日已久，王阶亦贵秋风窥。每当方士脱方骨，还恐风雷还出治。列真洞府秘不羽，照人端不羞朝曦。金童来授王女捧，投之宝篮那能宜。迩来地不爱此宝，赐予一根朝帝墀。入手既觉祛服得，横纹错落青丝披。乃知不是风尘物，握出风尘真所帷。低头拜赐亦已厚，名喧东鲁夸珍奇。千金欲易不可俊，扪膺吐气生虹霓。胡为夫子远寄我，意以华豪惊绛梯。翱翔欢呼起拜舞，我欲效报君须知。三年大聘猎英晓，看取飞升变化时。揉篮彩服俯可取，携将直上青云仰瞻日彩生尧眉。鸡人忽报洞天

——《答郭纯老秘校赠杖》

以上列举的四首诗，前两首是送别朋友时所作，送别朋友时，随着朋友的际遇不同，米芾的心情也不同。第一首诗因为朋友一生怀才不遇，到了暮年才做了太守，迟暮之年，才有官员前来拜谒。此时送别这位老朋友，即将天各一方，米芾既憔悴又伤心，惜别之情溢于言表。第二首则没有那么多的伤感，取而代之的是一种豪气，水丘先生即将去往都城，这位朋友很有才气，充满侠气，此次入都，定是前途大好，米芾也为这位朋友感到高兴，诗中自然也透露着欣喜之情。后两首是寄给友人的书信，虽然诗歌风格不同，但是都写出了米芾对朋友情深意重的感情。

总的来说，米芾的交游赠答诗，多出于真情实感，尤其是写给知己如苏轼、刘泾、薛绍彭等人的诗，常常是真性情的流露，写得情深义重。在复杂的官场里，米芾与很多人的交游都是为生活所迫，为了在官场能够待下去。而米芾心中真正的朋友并没有几个，他与性情相投的朋友才保持着真正的友谊，他与这些朋友不论政见，只论文学、收藏，好不惬意。从艺术性来说，米芾的交游赠答诗也有一定的价值，在与朋友的书信中，米芾明确表明了自己的艺术观点，从诗句"公权丑怪恶札祖，从兹古法荡无遗。张颠与柳颇同罪，鼓吹俗子起乱离。怀素獦獠小解事，仅趋平淡如盲医"可以知道大书法家米芾的书学观点；从他的送别诗中的"吴涛卷海银为慢，呈尽雪飞英锦作章"等诗句，也可以看出米芾驾驭山水景物的能力，米芾这位大画家很善于渲染景色，融情于景。

5. 咏物参禅诗

咏物诗与参禅诗在米芾的诗歌中所占的比重不是太多，但仍然有一些精巧之作。

先说说米芾的咏物诗，米芾咏物诗的主要内容是“奇石”与“砚台”，这与米芾酷爱玩石与收集砚台有关，他笔下的灵石与砚山仿佛都具有灵气，写得生动可爱。

长虹潜贯幽岩窟，绿烟更染秋波骨。不容俗眼觇神功，只向菱溪作灵物。少室仙人领一麾，至诚发遍山中奇。雄雌亭亭两挺出，宛若碧玉含春漪。朱栏碧甃拱山麓，翠雾丹霞掩幽谷。能将肤寸起清泉，几见峰前春雨足。迩来新饰紫微宫，奇诡搜索林峦空。五色磊磊可补缺，三品往往惭收功。紫衣使者御天敕，肯教閟此苍苔色。菱溪脱迹飞上天，回看幽谷空云烟。

——《菱溪石》

九江有奇石，欢岱而高头。巨灵藐一擘，嶕峣忆三休。屹嵘享异质，嶒嶝谁刻镂（自注：石十二面十峰）。百叠天巧尽，九盘猿未愁。阳壁宜产芝，阴崖谅潜虬。危颠方坛结，玉秘金泥修。垂手探杲日，朱轮运沧洲。一尘具一界，妙喜非难求。心欲蹑赤霄，八极皆部娄。况兹对象物，其致一揆收。啑啑分别子，交戈舂其喉。

——《砚山》

对于心爱的石头与砚山，米芾极尽工巧之笔，刻画之功。他将菱溪石看作是“灵物“，不容俗眼来沾染，“雄雌亭亭两挺出，宛若碧玉含春漪。朱栏碧甃拱山麓，翠雾丹霞掩幽谷。能将肤寸

起清泉，几见峰前春雨足。迩来新饰紫微宫，奇诡搜索林峦空"则极言菱溪石之灵巧，清丽，使人仿佛能看到深深幽谷、缥缈薄雾、朱栏碧甃、青青山麓、淅沥春雨、汩汩清泉，那幽深秀丽的景色，让人仿佛置身于仙境。米芾将一块石头写得如此美妙，仿佛一脱手便要飞上天去，可见对此石的喜爱程度。米芾是奇石的大玩家，明清两代更是将他奉为赏石的宗师，他有"漏、透、皱、瘦"四字相石法，至今仍是玩石之人所遵循的赏石原则。米芾爱石至深，曾"拜师为兄"，也曾经因为玩石差点丢掉了官职。正是因为如此，石头在他的笔下，不再是一块单纯的石头，而是拥有了人的灵性，生动灵秀。

米芾喜爱砚台可以说到了痴迷的地步。他曾经向宋徽宗讨要皇家的砚台，得到之后，不顾未干的墨汁，揣到袖子里就跑出殿外；也曾经抱着心爱的砚台睡觉。他笔下的砚台自然也带着诗人深深的喜爱之情。开篇即以"九江有奇石，欢岱而高头"交代出这块天然砚台产自于九江，形如嵩山，顶上有用以蓄墨的方形凹潭。接着，进一步描写了这块九江砚山的神奇:在天然生成的十座险峰间，仿佛有烟云掩映；百壁天巧，绝壁九盘，重岩叠嶂，就连猿猴也愁登攀。这果真是一方难得的宝物啊，看到这座砚山，就仿佛置身仙山一般。极尽夸张的手法，写出了砚山的精巧。

另外，他的小诗《笔》《墨》《纸》《砚》，以简短的语言，形象地刻画出了"文房四宝"的特点写得趣味盎然，。

墨画由来妙手知，彩笺落处直疑飞。寸心用尽终何补，赢得霜毫秃后归。

——《笔》

百练经来老更奇，暗中光价自然飞。锦囊手迹长颜色，曾是君王乞得归。

——《墨》

陶泓毛颖陈玄辈，同日声名四海飞。独有先生索高价，谁人献赋洛阳归。

——《纸》

金井寒生一水池，读书窗纸照萤飞。悲欢穷泰寻常共，掷破还须匣取归。

——《砚》

这四首小诗分别对笔墨纸砚各自的特点进行了赞美，同时，在诗中也表达了对文房四宝的深深依恋。

总的来说，米芾的咏物诗多与奇石与文房四宝相关。另外，他还写了一首《琴诗》、一首较长的写弈棋的诗、三首咏梅诗、一首咏珊瑚诗及一些咏小玩物的诗，这些诗作不如米芾的咏石诗、咏砚诗写得精巧，倒也颇得情趣。

再来看看米芾的参禅诗。因为仕途不如意，生活也不顺利，米芾中后期开始参禅论道，拜访佛寺、寻访禅师，在禅境中寻求平衡。他写了些很当行的碑文，碑文里多附有偈赞。现在流传下来的米芾诗歌中，仍保留着许多偈、赞，这些诗作，充满了禅意。

此是晦堂，更无佛祖。百尺竿头，谁敢进步。无限众生，为此老误。误不误，陕府铁牛跳出土。两脚搥胸叫冤苦。

——《晦堂心如来真赞》

巍巍释能儒，十六大果士。每于垢浊世，见此无相身。追貌自楚工，磷王妙吴匠。种种出道韵，二幻与佛同。在处为道场，五浊化净土。

——《十八罗汉赞》

古佛留法度大心，种种威摄现胜相。大心众生摄威德，求度倾身及众宝。

冥阳咸会精诚通，正法是归大缘集。我今稽首佛陀僧，永奠海山作津筏。

我今稽首明应公，永护宝车炳威德。悉化大心依净土，一世咸如今佛日。

三光不忒四序调，主圣臣忠载万亿。五谷蕃生土地肥，万灵常跻仁寿域。

——《焦山普济禅院碑赞》

这些碑、赞大有禅理，米芾对这样的题材驾轻就熟，这类作品也多写得禅意盎然。可见，他对禅学是深有研究的，佛理在他的心中，因而能准确地表达出来。在这些禅理诗中，最有名的当属米芾临终前所作的《临化偈》了：

众香国中来，众香国中去。人欲识去来，去来事如许。天下老和尚，错入轮回路。

这首诗是米芾临终前所作，米芾临终之事，很多书都有记载，是一件颇为神奇的事。相传米芾晚年学禅有得，临终前作书与自己的亲友告别，焚掉自己的部分作品，更衣沐浴，整整七天在棺材里焚香清坐，到了去世那天，唱完此诗，就与世长辞了。这首诗是米芾对于人生的大彻大悟，在临终之际，参破禅机而去，这让米芾的辞世也多了些神化的色彩。

综合来说，米芾的诗歌主要有山水诗、论书画诗、咏怀诗、赠答诗以及咏物参禅诗几大类，其中，以山水诗的数量最多，佳作也最多。他的诗歌总体上以豪放为主，也有不少婉约之作。同时，书画家的身份使得他的诗歌不仅具有诗情，更具有画意。诗歌涉及的体裁也有很多：七言古诗、五言古诗、律诗、绝句、楚辞等等。从这些我们也可以看出，米芾学问渊博，涉猎广泛，不愧为是与苏轼、黄庭坚齐名的"宋四书家"。

米芾的诗歌在当时是很有影响的，只是随着《山林集》的散佚，米芾的诗歌对后世的影响逐渐变淡了。到了明清两朝，对米芾的诗歌给予了一些重视，在一些著作中都收录了一些米芾的诗歌。

6. 米芾的词

根据《全宋词》，米芾现存的词，可以确定的共有十七首。其中，以写景咏物词为主，另外还有三首寿词。虽然没有诗歌数量多，但存世的米芾词与米芾的诗歌类型的数量分布趋势是一致的。正如其诗歌中景物诗比较多一样，米芾现存的词中，景物词也占多数，多吟咏山水，寄情美景之中。下面我们就来具体分析一下。

在写景的词中，写月色的词最多，这些词多写作者于夜深人静之时的所感所想，作者是借月亮来寄寓自己的情感。首先我们来看看其中最长的一首《水调歌头·中秋》，这首词最为人们称道：

　　　砧声送风急，蟋蟀思高秋。我来对景，不学宋玉解
　　悲愁。收拾凄凉兴况，分付樽中醽醁，倍觉不胜幽。自
　　有多情处，明月挂南楼。怅襟怀，横玉笛，韵悠悠。清
　　时良夜，借我此地倒金瓯。可爱一天风物，遍倚阑干十
　　二，宇宙若萍浮。醉困不知醒，欹枕卧江流。

　　看到这首词，不仅让我想起了苏轼的名作《水调歌头》，虽然
这两首词看起来不太一样，在意境上却有着异曲同工之妙。虽然
题为《水调歌头·中秋》，但作者并未如大家所想的那样开门见山
地写八月十五的圆月，而是先写了一派秋天的景象：砧上捣衣远
寄征人，蟋蟀声声鸣叫，这都表明秋已来到，这两句是倒装句式，
仿佛秋风是听到砧声才急急赶来，蟋蟀的叫声才让人意识到秋已
到，首句就已营造出浓浓地秋意。这么浓重的秋意下，文士一般
都会产生浓浓的悲秋的意味，但词人笔锋一转，写到面对此景，
一反自宋玉开始悲秋的传统，这句充分表现出"米颠"与众不同
的旷达与洒脱。话虽如此，在如此浓重的秋意里，虽收起了凄凉
的情调，却感觉景物更加的幽雅。写到这里，月亮还没有出场，
直到上片的结语"自有多情处，明月挂南楼"，皎洁的月色一扫之
前的凄凉之情，整个世界仿佛都变得清爽。下片则侧重抒发词人
的感情，"怅襟怀，横玉笛，韵悠悠。清时良夜，借我此地倒金
瓯"营造出一种清冷的夜中借酒浇愁的情致，充满忧伤。词人在
此景中无心欣赏，遍倚栏杆，觉出"宇宙若浮萍"的意味，最后
两句表现了作者的豪放之气。"醉困不知醒，欹枕卧江流"正是

米芾所向往的生活，透露出其隐居思想，豁达豪迈一展无遗。

米芾写月的词，还有《蝶恋花·海岱楼玩月作》：

> 千古涟漪清绝地。海岱楼高，下瞰秦淮尾。水浸碧
> 天天似水，广寒宫阙人间世。蔼蔼春和生海市，鳌戴三
> 山，顷刻随轮至。宝月圆时多异气，夜光一颗千金贵。

跟上一首《水调歌头》一样，这首词也体现出作者的豪迈之气，这首词是作者知涟水军期间，登当地名楼——海岱楼赏月时的感怀之作。上阕写出了海岱楼的位置与楼高，"下瞰秦淮尾"，以夸张之笔，极写此楼之高。下一句写水天相接，水似天，天似水，由此想到了广寒宫与人世间，广寒宫就是人间的反映，为接下来月的出场作了铺垫。下阕也未马上写月，而先写了海市蜃楼，为月的出现作了铺垫，再三铺垫后，"鳌戴三山，顷刻随轮至"，表面看起来是三山随月而至，其实是月亮升起，三山变得明亮，仿佛是随月而至一样，这种写法，使得三山充满了灵性，生动而形象。最后两句是对月亮的直接描写，把月亮比作一颗千金，突出了月亮的可贵。与《水调歌头》相比，这首词写得更为灵动，多了一些缥缈和仙气。

剩下的几首跟月相关的词分别是：

> 溪面荷香粼粼，林端远岫青青。楚天秋色太多情，
> 云卷烟收风定。夜静冰娥欲上，梦回醉眼初醒。玉瓶未
> 耻有新声，一曲请君来听。
>
> ——《西江月·秋兴》

云间皓月，光照银淮来万折。海岱楼中，拂袖雄披
楚岸风。醉余清夜，羽扇纶巾人入画。江远淮长，举首
宗英醒更狂。

——《减字木兰花·涟水登楼寄赵伯山》

双双鸳鹭戏萍洲，几行烟柳柔。一声长笛咽清秋，
碧云生暮愁。钩月挂，绮霞收，浦南人泛舟。娟娟何处
烛明眸？相望徒倚楼。

——《阮郎归·海岱楼与客酌别作》

这三首词相比较而言，前两首总体风格还是豪放的，符合米
芾一贯的特色，而后一首是米芾词中比较特殊的一首，风格婉约，
透着淡淡的忧伤，下面将具体分析一下这首特殊的词。

鸳鸯与鹭鸶成双成对，柳条柔美，远处传来阵阵笛声，夕阳
西下，暮愁顿生。新月如钩，彩霞隐去，湖上有人泛舟。这是一
幅泛着淡淡哀愁的画，有一种哀伤的美。"娟娟何处烛明眸"与
刘禹锡的"何当共剪西窗烛"有异曲同工之妙，"相望徒倚楼"
则直接表达了诗人的哀愁，这首词整体风格是婉约的，在米芾的
词中可谓是个"另类"。

上面是写月的词，当然米芾也有直接写景的词，如《浣溪沙·
野眺》："日射平溪玉宇中。云横远渚岫重重。野花犹向涧边红。
静看沙头鱼入网，闲支藜杖醉迎风。小春天气恼人浓。"阳光普
照，花儿盛开，鱼儿游曳，一幅"恼人"的春景！写得生动活泼、
富有春的气息。此外还有《菩萨蛮·拟古》等等也属于此类，总的
来说，米芾词的风格还是很多变的。

说完米芾的山水词，我们再来看看米芾的咏怀词。以《丑奴儿》为例：

> 踟蹰山下濡须水，我更委它。物阜时和，迨暇相逢笑复歌。
>
> 江湖楼上凭栏久，极目沧波。天鉴如磨，偏映华簪雪一窝。

这首词写于米芾米芾知军的时候，任职的两年内，基本风调雨顺，有出现大的灾荒，偶有蝗虫过境，也没有造成致命危害。安居乐业的百姓都说是托米知军的福，沾了米大人的光。米芾听了难免得意，高兴地填了这首词。"物阜时和"怎么不高兴呢?心情好，在楼上观光，天空仿佛磨洗过一般，看到的景色都是那么和谐。充分表现出词人虽无为而治，内心是十分关注民生疾苦的，这种"无为而治"只是他同情百姓又无力抗争的一种策略罢了。但最后一句"偏映华簪雪一窝"，看到自己的白发，年华已逝，又透露出一丝无法大展拳脚的忧伤，但总体风格是积极向上的。

与《丑奴儿》有异曲同工之妙的还有下面这首《点绛唇·示儿尹仁尹智》：

> 莘野寥寥，渭滨漠漠情何限。万重堆案，懒更重经眼。
>
> 儿辈休惊，头上霜华满。功名晚，水云萧散，漫就邮亭看。

这一首词也是作于词人将老之时，老之将至，白发苍颜，无心再看"万重堆案"，功名已晚，但作者并不在意这些，末句一扫这种哀愁，"水云萧散，漫就邮亭看。"作者已然看开，同样也表达了这种豁达情怀的还有《鹧鸪天·漫成》，词中借花间的啼鸟表达自己的心声："人生无事须行乐，富贵何时且健身。"颇有些"人生得意须尽欢，莫使金樽空对月"的意味，表现出词人乐观大度的胸襟。

　　作为一名书画大家，米芾还有一些词中明确地表露出自己爱好书画，例如《减字木兰花·展书卷》：

　　　　平生真赏，纸上龙蛇三五行。富贵功名，老境谁堪
宠辱惊。寸心谁语？只有当年袁与许。归到寥阳，玉简
霞衣侍帝旁。

　　这首词中，米芾很明确地指出自己在意地并不是富贵功名，而是"纸上龙蛇三五行"，也就是书法。词人所欣赏与期望的只是乐游山水、寄情书画，在山水书画中安度自己的人生，这与他的"功名皆一戏"的诗句表达的意思是一样的。

　　除了以上这几类词之外，米芾还有几首应酬之作，其中有谄媚之语，但作为一个官员，在别人的寿宴上所展示的词，有这样的内容也不足为奇，但这种词没有什么文学价值。

　　整体来讲，米芾的词还是多写景抒情的比较多，这与米芾的诗歌创作是一样的，这与米芾的性格是有关系的。米芾外号"米颠"，这就表明他的性格很癫狂，事实上，他也做过很多很癫狂的事情，例如"拜石"，向皇帝讨砚台等等。也正是因为他这种癫狂

的性格，在创作中能够没有那么多束缚，而是随心所欲，任由自己内心情感的抒发，这使得他的词专注于抒发情感，情感"一泻千里"。他是个直抒性情的词人，再者，他的词往往豪迈大气，充满豁达，词中也不乏阔大之境；再次，作为书画大家，使米芾在作景物词时，注重整体的布局，使整个画面充满画面感，富于画境，一首词往往就是一幅画，充满了"米氏云山"的色彩。

　　总的来说，米芾的词多写景的词，尤以写月的词为多，他的词语言流畅，感情表达顺畅，充满诗情画意，风格豪放洒脱，他的词虽然不多，但仍然有许多佳句，是相当有价值的。

五、米芾的文赋

1. 米芾的赋

米芾现存的赋仅有 5 篇，分别是《参赋》《壮观赋》《登黄鹤台下临金山赋》《天马赋》《参赋》，但米芾创作的赋并不只有这几首，那首让苏轼在病中"一跃而起"的《宝月观赋》，现在就已经看不到了。米芾留下来的赋虽然数量不多，但是质量很高，在一定程度上体现了宋代辞赋的特点。

米芾写法多样，他的五篇赋作，每篇都不相同。《登黄鹤台下临金山赋》以描摹景色为主，用大量的篇幅描绘了所游览的景色。开篇即写了作者登上黄鹤高台所看到的百川、宝塔等各种美景，接下来集中描写了浮玉（即金山）的美景："江练夜白，秋清月高。冰壶无底，下彻秋毫"。在赋的末尾，作者写了自己年轻时的壮志，"追夸父逐日"，"拔剑以逐蛟"，然而时不我待，年岁大了的"我"也只能呼朋唤友，饮酒清谈了。全篇重在写景，末尾抒发了一些感叹。

《壮观赋》重在议论，以"壮观"命名的作品，米芾还有楚辞一首，诗三首，可见他对真州城北原的喜爱程度，在诗作与楚辞中，对北原的景色已经做了很详尽的描绘。因此，在这首赋中，他对景色的描绘很少，以更多的笔触抒发思古之幽情。作者看到，国家的分与合，根本的原因并不在于江山险峻，而在于统治者的治理。天时地利固然重要，但是人和才是最重要的，要想国家稳定，最根本的是要使百姓安居乐业。然而现实的情况是时运不济，"生民道艰"，他不禁感到心里郁结，只能一声长叹啊！总的来说，《壮观赋》是借揽胜怀古来表达对生民之艰的同情。

《壮观赋》反映了米芾关注现实，关注民生的思想。在另一首咏物赋——《蚕赋》中，也体现了这种思想。《蚕赋》通过织妇与蚕的对话，揭露了统治阶级的黑暗。在米芾看来，"织妇"与"蚕"代表了不同的社会等级，虽然受剥削的程度不同，但都是受剥削的群体。米芾仿佛就是那"蚕"，而劳动人民就是那"织妇"，作者已经意识到是劳动人民在供养他，而并非是皇恩眷顾。虽然是这样想的，但为了官位着想，米芾不敢直接谴责统治阶级，而是埋怨"织妇"没有看到"蚕"和她一样也只是被剥削阶级利用的工具。虽然米芾不敢直截了当地谴责统治者的黑暗，但他借拟人化了的"蚕"的口吻，表达了对民众的深切同情。

怀着对人民大众的深切同情，作为臣子的米芾在《参赋》中表达了自己对统治者的劝谏之意。自宋真宗景德元年（1004）澶渊之盟后，统治者们偏安一隅，贪图享乐，制造了一派祥瑞的景象，文士们为了讨好统治者也多阿谀之词。在这种情况下，米芾并没有随波逐流，而是作《天马赋》劝谏统治者励精图治。全篇通过汉武帝与侍臣枚皋之间关于参星出现是否带来祥瑞的对话表达了米芾的劝谏之意，通过参星的隐晦无光劝谏统治者要励精图治，以民为本，揭示了"水能载舟亦能覆舟"的道理。文中借用枚皋因谏言而封富民侯，也表达了米芾本人在政治上渴望有所作为的理想。

在《天马赋》中，米芾借天马图表达了他的政治理想。这是一篇咏物抒情赋，咏的是唐韩干所画的一匹世间仅有的雄健的骏马。这匹骏马耳目双俊，鬃毛顺滑，奔跑起来如风驰电掣一般。米芾自比为天马，希望"一旦天子巡朔方"，能够"扫四海之尘"，用世之心显而易见。

这五篇赋各有各的特点，写得精彩非凡，可惜现在已看不到那篇精彩绝伦的《宝月观赋》了，但从现存的《宝月观》诗中可以窥见《宝月观赋》的精彩了。

2. 米芾的散文

米芾的文在《宝晋英光集》中并没有专门分出这一门类，在这里将米芾的碑、序、记、墓表、杂著等算作散文一类。

米芾的散文，和他写的诗、词、赋一样，也以山水类见长。在为一些寺庙观堂写的记文中也有不少描绘山水美景的文句，如《仰高堂记》《明道观壁记》等文，其中，写得最出彩的是《净名斋记》。

> 带江万里，十郡百邑，缭山为城，临水为隍者，惟我丹徒。重楼参差，巧若图刊，地灵极倪而云霞出没，星辰挂腹而天光不夜，高三景小万有者，惟吾甘露。东北极海野，西南朝数山者，谓之多景。然台殿羽张，宝堵中盘五洲之后，与西为阻。若夫东眺京岘，西极栖霞，平林坡陀淮海之域，远嫡隐见滁泗之封。洪流东折，白

沙之云涛如线，大碛南绝，中泠之顷巍蔚起。笮山之隙，昭峣双笋；五州之外，峻嶒千叠。黄鹤宝势，珠捧于豆；长山异气，龙蠢于天。晨曦垂虹，时媚于左；长庚纤月，每华其右。千林霜落，万岭雪饶。春郡于西郭而秋留于南岩者，惟吾净名。

天下佳山水固多矣，在东南则杭以湖山障其境，洪以西山弥其望，潭以岳麓周其区。皆一山也。而望两邦，逮穷荒迢递，发周羽皇之叹者有之矣。百川汇流而赴北，既浚既渊，亦沃亦荡也；多山引岭而趋东，且列且驱，各群各丑也。

吾斋在万井之中，半天之上，乃右卷而一揖焉，此其所以得山川之多，而甲天下之胜也。至若水天鉴湛而博望弭槎，葭苇椰鸣而詹何投饵；洪钟动而飞仙下，疾飙举而连山涌。地祇听法，水怪效珍，或鹏云压山，海气吞野。纤云漏月，清籁韵松。兜罗密而灵光生，阴雾合而大霆走。瑰奇忽恍，又不可得而详言之。

襄阳米芾，字元章，将卜老丹徒，而仲宜长老，以道相契。会内阁蒋公颖叔以诗见寄，云："京尘汩没兴如何？归棹翩翩返薜萝。尽室生涯寄京口，满床图籍锁岩阿。六朝人物风流尽，千古江山北固多。为借文殊方文地，中间容取病维摩。"

于是，宜公以其末句命名余居，亦冀公之与余同此乐也。余今来也，岁时在其间；去也，自笔藏为图。念老矣，无佳句压其胜。后之登吾斋，览吾胜者，得不为吾赋乎？元符纪元八月望日涟漪郡嘉瑞堂书。

开篇米芾即写出了丹徒城山环水绕，临江而建的总体特点，一句"惟我丹徒"也表达了对丹徒的喜爱。接着他写了他的居住地——镇江北固山一带的自然景致以及城中甘露寺、多景楼、黄鹤台等人文景致之美，而他的住所净名斋就在这些如仙境般的美景之中。净名斋是米芾借住在甘露寺的一个僧舍之名，它位于"万井之中，半天之上"，风景极佳，在天下美景中都属一绝。然后用了一大串排比句描述了净名斋之美，它的瑰丽奇特，不是语言所能完全描述的。接着他以一首朋友蒋之奇的诗作，进一步映证了此为风景胜地，一句"六朝人物风流尽，千古江山北固多"既夸赞了米芾如同六朝风流人物，也赞美了北固山风景之美。米芾居所"净名斋"这个名字也由蒋之奇此诗的最后一句得来，最后一句很有禅意，仲宣长老由末句"维摩"取名"净名斋"。这篇文章虽然不冠名为赋，但对仗工整，文采华丽，与赋很相似。

除了描摹山水，米芾的散文中也体现了关心百姓的倾向。尤其是在《涟水军唐王侍御庙记》一文中，他认为管辖地发生旱灾是自己的过错，并说自己会勤政为民，虔诚祈雨，希望天公能降福于百姓。这样看来，米芾并不是只知道游山玩水，收集书画之人，在他的散文中字里行间都体现了他对百姓的关切之情。

除了记这种文体，米芾的碑文也写得很有特点。米芾写了很多碑文，如《焦山普济院碑》《颜鲁公碑阴记》《戴公之碑》《天衣怀禅师碑》等，而且大多是他自撰自书的，不仅书法写得好，碑文也很有文采，颇受称赞。宋刘克庄在跋米芾《焦山普济院碑帖石首》时赞道："米老此铭，不独笔法超诣，文亦清拔。想见挥毫时，神游八极，眼空四海。"给与米芾的碑文以极高的评价。

《天衣怀禅师碑》是米芾碑文中写得尤为精彩的一篇。首先以佛法开篇：

> 佛以一法接二乘，离则法生，合乃法尽。拘法则小作游戏，去法则大用纵横。是以二乘有果，果自念生；一法无殊，殊因惑起。不昧因果，则法存性在；不证因果，则法灭性空。故大能仁，去罪忘心，留果不证。去罪忘心，故恶生无所；留果不证，故异类可行。所以寒影对空，红炉点雪，如如不动，全体相呈者也。

接着写了天衣怀禅师在家时便多次请求出家，后来神仙托梦，告知"法王来了"，第二天早上"师至"，他得以出家。出家之后，他学习佛法，云游四方，终悟透禅机，并将佛法传扬光大，最后圆寂的过程。全篇有叙述也有议论，有描写也有对话，将文中的各个人物刻画地生动而具体，读来仿佛就在眼前对话一般。文章末尾还附录了赞语：

> 稽首皈依无上尊，清净圆满千亿化。三身俱现立法祖，一法不立即如来。
> 示现有渐缘慈悲，慈悲本不为佛祖。佛祖不立无皈依，所以三身开后觉。
> 寥寥千古古佛远，堂堂此身即古佛。众生不昧本来心，此是古佛行住处。

包括赞语在内，文中对话很多，且多似方外（世俗之外，指代修道者或僧人）之言。清代的孙承泽评价道："碑文全用彼家

语，似一篇语录，非文也。而笔法劲逸绝胜。"对米芾《天衣怀禅师碑》评价很高，也可以看出米芾的佛学老有所成，深明禅理。

米芾还留有大量的书画题跋，如《跋头陀寺碑》《王谢书跋》《张旭书跋》《书海月赞跋》等等，这与他喜好收藏书画有关，这些都是专业书画理论类文章。此外，米芾还作有一些墓表等等。

总的来说，米芾现存的散文是其文学作品中不太突出的一类。因为他生活在北宋时期，而北宋是散文的鼎盛时期，"唐宋八大家"中有六位都生活在北宋时期，相比较而言，米芾的散文并没有那么出彩，但仍然有一定的研究价值。米芾与苏轼、王安石等大文豪来往密切，不只是书风，而且文风也受到了也受到了他们的影响。跟苏轼一样，米芾常常在游记中借眼前的景物抒发怀古之思。不同的是，米芾的散文，在体制上并不"散"，他经常以工整的对句写景，以浪漫离奇的手法叙事。而他对佛法的参悟更让他的参禅悟道类散文读起来天机妙悟，禅意盎然。

米芾的文学具有很高的价值，当朝的苏轼曾给与了极高的评价。在苏东坡等人的大力推荐下，米芾文学在宋代，尤其是在北宋文坛上有一定的地位和影响，而且广为流传。可惜，米芾去世之后，朝廷禁"元祐学术"，加上之后宋金之战，北宋灭亡，宋室南渡，米芾《山林集》逐渐散佚了。后世知道的人也慢慢少了，因此，米芾的文学在南宋以后的影响不大，对他的评论也不多。明清两代，对米芾的文学有了一定的重视，在一些著作中都收录了米芾的诗歌，对米芾的文学也有不少赞美之语。总体看来，现在学界的注意力多集中在米芾的书画研究之上，对米芾的文学关注的不多。对于气势凌云绝尘、风格沉着痛快、语言经奇蹈袭的米芾文学，应给予更多的关注。

六、米芾的书法

米芾的书法精妙，凭借一手好书法得到了宋徽宗的赏识，也使得他与苏轼、黄庭坚、蔡京并列为"宋代四书家"。米芾的书法在当时曾被认为是"天下第一"，在米芾《伯充帖》中写到："辱教，天下第一者，恐失了眼目。但忻以相知，难却耳。"对于朋友视其书法为"天下第一"的说法，米芾倒也自信，幽默而谦虚地接受了。然而，米芾独特书风的形成并不是一朝一夕的结果，而是一段临池不辍、破茧成蝶的过程。

1. 米芾的书法形成

米芾天资聪慧，六岁时一天就能读上百首律诗了，反复看几遍就能背下来了。从七八岁开始，米芾开始学习书法，据《学书自叙》记载：

> 余初学颜，七八岁也，字至大一幅，写简不成，见柳而慕紧结，乃学柳《金刚经》。久之，知出于欧，乃学欧。久之，如印板排算，乃慕褚，而学最久。又慕段季转折肥美，八面皆全。久之，觉段全绎展《兰亭》，遂并看法帖，

入晋、魏平淡，弃钟方而师师宜官，《刘宽碑》是也。篆
便爱《诅楚》《石鼓文》，又悟竹简以竹聿行漆，而鼎铭
妙古老焉。其书壁，以沈传师为主，小字，大不取也。

————《宝晋英光集》卷八

这段文字记叙了米芾的学书过程，由此可知，米芾学习书法
从学习楷书入手，先学颜、柳，又及欧、褚，后学习段季展，上
溯魏晋，以《兰亭序》为宗，得到了王羲之、王献之书法的正脉，
又从《诅楚文》《石鼓文》《刘宽碑》等学会了篆隶之法，书壁
则主要来自沈传师的小字。

少年时期，米芾随性而好，学书师法多人。除了上面的这些
老师，米芾十岁学写碑刻时，还学习过当时流行的周越书风，还
模仿过罗逊的《襄阳学记》，这与米芾的年纪有关。十多岁的米
芾，还未定性，做事常常是由着自己的性子来，对一个人的书法
的学习往往只有一段时间，这也使得米芾的书法可以遍采众家之
长，不为一家所束缚，也为米芾后来的独特书风打下了坚实基础。
早期米芾喜爱段季展"转折肥美"的笔法，因此这个阶段他的书
法也多转折跳动，笔力显得不够坚实。

米芾后期虽然极力贬斥唐人的书法，可是在学习书法之初，
他是很喜欢唐人的书法的，颜真卿、柳公权都是唐代的大书法家，
就连米芾特别喜爱的褚遂良、张旭也都是唐朝的书法家。米芾喜欢
褚遂良的书法，致力于收藏褚遂良的书帖。在《智袖草书》中，米
芾以"笔锋卷起三峡水，墨色染遍万壑泉。兴来飒飒吼风雨，落纸
往往翻云烟。怒蛟狂虺忽惊走，满手黑电争回旋"来形容张旭的狂
草，并认为怀素的书法"使人壮观不知己，脱身直恐凌飞仙。弃笔

为山傥无苦，洗墨成池何足数"。此时的米芾还未认识苏轼，因此对唐人的书法充满了仰慕之情，他认为怀素的书法如此壮观以至于忘了自己，这样奇绝的书法是他用坏多少支笔，洗笔成多少个墨池才形成的啊。此时的米芾绝对不会想到后来他会完全推翻自己的想法。

　　米芾学习褚遂良的书法良久，之后觉得段季展的书法"转折肥美，八面皆全"，转学段书，时间久了，觉得段书"全出于王"，遂"入晋、魏平淡"，此时，米芾开始感受到了王羲之书法的精妙，但米芾真正地下决心"书学晋人"是在32岁那年。元丰五年，32岁的米芾去黄州拜访了苏轼，在听取了苏轼的书学观点后，米芾的想法大变。从这之后，米芾开始学习晋人书法。这是米芾书学道路上的一次重大转折。

　　此后，米芾开始收集二王的书帖，可惜"二王"的真迹难得一见，只能收集唐人临摹王羲之、王献之父子的书帖。米芾为了得到唐人临摹二王的作品，煞费苦心，甚至典当衣物来购买。如此费心的收集，终得到了回报，在三、四年间，米芾获得了十余件唐摹王书。虽然米芾对"二王"书法很是推崇，但是，他并不是盲目崇拜，有的字在他看来，也是俗字，也就是说，"二王"书迹也有雅俗之分：

　　　　因为邑判押，遂使字有俗气。右军暮年方妙，正在山林时。吾家收右军在会稽时《与王述书》，顿有尘气，又其验也。

　　　　　　　　　　　　　——明拓《玉烟堂帖·邑判帖》

　　对于"俗"字，米芾不予重视的，而对于"二王"书迹中的

精品，米芾则视之为性命。据《宝章待访录·目睹》载："王右军《桓温破羌帖》。笔法入神，奇绝。帖与王仲修家《稚恭帖》同是神物。"对于这样的精品之作，米芾当然是不肯放过的。为了得到"神物"——《桓温破羌帖》，米芾在资金不足的情况下，不惜典当衣物将此帖买到手，用心琢磨。本着去伪存真、去俗存雅的态度，米芾在学习二王书法一段时间后，书风也有了转变。自元祐后的作品，一改之前恣肆的书风，而多了含蓄俊雅的韵味。可惜，唐人摹本终究还是带有唐人的书风，失去了真正的"晋人风范"。元佑二年，米芾在京师检校太尉李玮家见到了真正的晋人书法真迹——《晋贤十四帖》，米芾一见倾心，非常兴奋。他在《群玉堂帖·好事家帖》中说到："希世之珍，不可尽言，恨不能同赏。归即追写数十幅，顿失固步。……退之云：羲之俗书趁姿媚，此公不独为石鼓发，想亦见此等物耳。"见到了晋人书帖真迹，才知唐人摹帖气格尽失。也是从此次开始，米芾对晋人书法推崇之至，回家后，他凭着自己的记忆写了数十幅字，尽然连自己之前的书写习惯都看不出来了，可见米芾对晋书的喜爱。

在看到晋人书法真迹后，米芾对唐人书法厌恶到了极致。在《寄薛绍彭》中，他将之前所推崇的柳公权、张旭等人的书法贬得一文不值，认为他俩使晋人"古法"荡然无存了，跟之前的推崇相比，此时的米芾内心中已将唐人书法完全"抛弃"。米芾并不拘泥于学习"二王"书法，他将眼光投到了更远的"高古"，还学习西晋书法家的书法，学习如西晋武帝、索靖、王戎那样质朴的书风，还从金石考据中学到了篆书与隶书之法。

正是由于米芾不拘泥于一家，眼界很宽阔。使得米芾的书法博采众家之长，他对前代大家的优劣得失反复审视，加上米芾从青年

时期，便坚持练习书法，每日不辍，他的书法功底扎实，从古人得益最多，又跳出了专学一家或一朝的束缚，慢慢地，米芾的书法形成了自己的特色。米芾对于自己的书法承继变化是这样说的："壮岁未能立家，人谓吾书为集古字，盖取诸长处，总而成之。既老始而自成家，人见之，不知以何为祖也。"（米芾《海岳名言》）米芾师法多人，他的字却找不出古代书法家的影子，完全是他自己的笔法。正是这种"集古字"而"出新意"的书法，使得他的字变法富于变化，结构新奇，笔势凌厉，超过了同时代的书法家。

晚年，阅历丰富，心境平和的米芾，书法更见醇厚。在《贺铸帖》《复官帖》《戏成帖》中，充满了酣畅淋漓的意趣，经过岁月沉淀的书札更加"神骏"（宋高宗语）。五十岁之后，米芾对笔法的掌握更加出神入化，就如他自己所说，他是在"刷字"，然而，不经意地刷字，却纵横豪放，有轻有重。一字之中，粗细差别很大，粗的地方满锋铺毫，细的地方却只是如针画过一般。虽然如此，却并不觉得不和谐，只觉得跌宕起伏，如"风樯阵马"般劲健灵活。

米芾独树一帜书法特色的形成是一个漫长的过程。对于各家的书法，米芾抱着审慎的态度，在学习的同时，注重总结，保留各家的优点，并将这些优点不露痕迹地化为己有，融入自己的书法创作中，将风云纵横的气势巧妙地融于典雅流畅的韵致之中。在不断的学习与突破中，米芾的书法逐渐形成了自己的特色，使人觉其精妙却不知其以谁为祖。

2. 米芾的书学思想

米芾的书法创作富有创新精神，打破了唐朝书法的藩篱，自成一家，其行书可以说是继王羲之之后的又一座高峰。东坡评其书法

为："风樯阵马，沉着痛快，当与钟王并行，非但不愧而已。"在其《书史》及一些传世墨迹中，包含着米芾的书学思想，正是在这些书学思想的指引下，才使米芾的书法呈现出耀眼的光芒。

"尚意"是宋代的书法美学思想的总体趋向。所谓"尚意"就是以重视书法艺术主体情感意绪的抒发和表现为特征的。苏轼、黄庭坚、米芾的书法都体现出了"尚意"的特征，但在"尚意"这一总特征下，每个人的关注点又各不相同。苏轼"尚意"，自出新意；黄庭坚"观韵"，以韵为胜；米芾则是崇尚"得趣"。米芾论书最看重的是"真趣"，在《海岳名言》中，他反复强调："裴休率意写碑，乃有真趣，不陷丑怪。""沈传师变格，自有超世真趣，徐（浩）不及也。"在米芾看来，"学书须得趣"，得到了书法的真趣才算领悟了书法的精髓，那么，什么是书法的"真趣"？怎样才能"得趣"呢？

在米芾看来，"真趣"就是创作主体最为内在、最为本真、最为自由的性灵情感与意绪的抒发。书法的"真趣"跟人的品格修养、学识程度没有太大的直接关系，最重要的就是顺乎天性，自由地表达内心情感，也就是要做到"意足我自足，放笔一戏空"。米芾之所以认为唐人裴休、沈传师的书法有"真趣"，正是因为他们的书法没有束缚，没有因为所谓的"法度，规矩"抑制了感情的抒发，而是率意而为，不假造作，尽情地挥洒自己的灵性，变格创新，具有真切、自然的美。对于"二王"的书法，世人多认为王羲之的书法胜过王献之的书法，而米芾却不这样认为，他认为："子敬天真超越，岂父可比也。"对于王献之天真自然的书法给与了极高的赞誉。

米芾崇尚书法"真趣"，与他本身随意而为，颠狂自若的性格有关，他不顾旁人眼光拜石为兄，甚至在皇帝面前也很是放肆，不拘小节。正是因为这种性格，是他能够尽情地体味书学的精妙，不为俗法所扰。因此，他写字时往往是腾起跳跃，尽情随便地"刷字"。只有随心而动，才能创作出自然流畅之作。元祐八年九月，米芾与苏轼一边喝酒，一边写书法，喝到酒酣处，乘兴而作，两人写出的书法皆为平生所不及。

米芾"刷字"，追求平淡自然的"晋人风范"。他的字帖不受什么束缚，或任意挥洒，或笔势凌厉，整个字帖结构态势几乎是浑然天成。当然，米芾这种天真自然的书法并不是一朝一夕而成，正是米芾每日临摹古今诸家名迹，呕心沥血地书写，"一日不书，便觉思涩"，在这种、勤勤恳恳、呕心沥血地坚持下，才有了米芾书法"随意落笔，皆得自然"的境界。

米芾的书法功力深厚又不拘成法，强调八面出锋。所谓的"八面出锋"，就是在写字时用笔锋在任意方向上进行使、转、提、按，随心所欲，收放自如，将毛笔笔锋的魅力发挥到极致。据米芾《海岳名言》记载，"字之八面，唯尚真楷见之，大小各自有分。智永有八面，已少钟法。丁道护、欧、虞笔始匀，古法亡矣。"隶书笔法以"中锋"为主，唐人楷法用"八面"，后来，过分追求"八面"，减弱了"中锋"的笔力。在初唐时期，欧阳询、虞世南的字已完全失去了隶意，只追求整齐平均，完全失去了古法楷书的味道。晚唐的书法在米芾看来就已经是"丑怪恶札"了。"八面具备"与"中锋"往往很难平衡，在书法发展过程中，往往会顾此失彼，而米芾的书法"锋势备全"，"中锋"与"八面"相辅相成。在米芾《海岳名言》中，记录了米芾的书法追求。即："字要骨格，肉须裹筋，筋须藏肉，帖乃秀润生布置，稳不俗，险

不怪，老不枯，润不肥。"米芾讲究"八面"与"出峰"，即讲求放纵与掌控相互制约，收放自如。这使得米芾的书法不死板、不刻意，在追求"古法"的基础上充满了变化。不同的字体米芾都给与不同的表达，他的"跋尾书"，书姿俏丽；行书纵横捭阖，有剑拔弩张之势头；草书则不拘章法，笔势流畅。

在米芾看来，同一幅字帖内，每个字笔画的长短粗细屈伸正侧、每个字乃至整篇书作的各个组成部分所占幅面的大小、局部字数的疏密程度、笔端的动静、快慢等，都不能遵照一个模式，而应该富于变化。这种观点与王羲之的观点相同："若上下方整、状如算子、前后齐平、平直相似，就不是书，只能得到书风的一点眉目。"（王羲之《笔阵图》）米芾将这种观点进一步落到了实处。就字的大小来说，不可大小一样，而应随着字态的变化而变化，大小相称。他反对"大字促令小，小字展令大"的做法，主张小字要同大字一样，笔画有锋有势，运笔富于变化。就笔画来说，粗细不可如一，米芾用侧锋行笔，起笔时一般很重，中间阶段稍轻，收笔时轻出和重按相结合。不同的笔画，粗细也不相同，有的字满锋全出，有的字则如针掠过纸面一般；就笔势而言，不可劲健到底或姿媚到底，而是在笔端富于变化，在不同的位置起笔，创造的气势是完全不同的。米芾创造出了很多特殊的笔法，如竖钩陡起、"门"字右角转圆、蟹爪钩等等；就布白而言，不能平均分配，而应关注整体气韵的表现、随遇而变。米芾批评欧、虞、褚、柳、颜诸家为"一笔书"，就是指他们的字刻意安排，缺少变化。这是这种随遇而变、八面出锋的思想，米芾的书法并无常态，字的结构重心忽左忽右，字形有大有小，局部字数分布有疏有密，风格时而强健时而婉约，使整个书帖看起来疏密有致，大小错落，跌

宕起伏，不仅毫无违和之感，反而给读者以视觉上的冲击力。

对于用笔之法，米芾有一套自己的理论。在海岳名言中，米芾说到："世人多写大字时用力捉笔，字愈无筋骨神气，作圆笔头如蒸饼大，可鄙笑。要须如小字锋势备全，都无刻意做作，乃佳。"握笔太紧，写字时体现不出变化，就会显得过于死板。只有轻盈地握笔，才能自由地书写，便于抒发感情，得到书法的"真趣"。在《学书自叙》中，他明确提出了握笔之法："学书贵弄翰，谓把笔轻，自然手心虚，振迅天真，出于意外。"即把毛笔顶端放在手心，五指轻捏笔管周围。只有这样，在行笔书写的过程中，才能更好地掌握运笔速度、力道，灵活地变换笔势，方便变换涩笔、快笔、重笔、轻笔的使用，使书法作品富于变化，具有较高水平。不然，则容易沦落为"一一相似"的"奴书"。米芾书法根基深厚，有时也会炫弄技巧。据蔡绦《铁围山丛谈》记载，米芾还有另一种用笔方法，五指撮着笔杆末端来书写，这种握笔方法非常灵活，但不好掌握轻重、缓急，书写的字"势翩然若飞，结字殊飘逸而少法度"。这种用笔方法在当时还流行了一段时间。

在品评书法方面，米芾坚持用平直的语言，直击要害，常常是一语中的。他反对用不着边际的、过分渲染的文学语言，也不提倡古人论书时模棱两可、言辞隐晦的表达态度。米芾提出了"入人"的原则，就是倡言书评要意思明确。他在《海岳名言》里说："观贤人论书，比况奇巧，征引迂远，'龙跳天门、虎卧凤阁'是何等语。要在入人，不为溢辞。"就是倡言书评要意思明确，不作溢美之词。对于唐、宋的书家，如柳公权、颜真卿等人，米芾毫不客气地贬斥，他批评柳公权书法是"丑怪恶札"，薛稷的书法是"笔笔如蒸饼，丑怪难状"，言辞相当激烈。虽然这些评论有些偏激，但米芾提倡以直白的语言来品评书画具有重要的意义，使得书画评论更易理解。米芾的《书评》是其品评书法思想的集中体现，书中对书法的品评多以人或事来作比喻，离读者的生活很近，语言对平直明白，形象性更强。米芾书法绝妙，书论也很多，如《书史》《海岳名言》《评字帖》等，这些书论著作都显示出他卓越的胆识和精到的鉴赏力，为后人研习书法提供了宝贵的参考资料，使人一目了然。

米芾的书学思想与宋代力图突破唐代书法家创造的书法规范有着密切的关系。米芾在"破旧立新"的过程中，言辞激烈，但提出了一些实用而独具新意的思想、方法，并开拓出了一条自己的书法道路，对当世及后世都产生了深远的影响。

3. 米芾书法的影响

米芾的书法成就很高，单就书法而言，在"宋四家"中，无人能出其右，尤其是他的行书，更为奇绝。后人评价道"草书之变始张旭，行书之变由米老"。

在米芾一生中，创作了很多的书法作品。由于苏轼对米芾书法的大力赞赏，加之米芾的书法得到了宋徽宗的赏识，因此，米芾的书法在北宋时显名于世。南宋时，宋高宗对米芾的书法很是推崇，米芾的书法受到了重视，民间刻帖的有很多。因此，米芾的书法作品有很多都留存了下来，如今大部分被北京故宫博物馆和台湾故宫博物院所收藏。米芾传世的墨迹主要有《苕溪诗卷》《蜀素帖》《方圆庵记》《天马赋》等，而翰札小品尤多。存世的多为小字，大字仅有现藏上海博物馆的《多景楼诗》、东京国立艺术馆的《虹县诗》、北京故宫博物院的《研山铭》。在现存的墨迹中，《蜀素帖》代表了米芾的书法水平，被誉为"中华第一帖"。

此帖写在纹路粗糙的蜀素丝绸上，因而名为《蜀素帖》。此帖充分体现了米芾"刷字"的特点，用笔多变，体态万千，呈现出变幻莫测的特点，是米芾一生的得意之作。

虽然米芾的书法在当时得到了不少人的喜爱，但由于当时世人只是一味地追求正当朝的权贵的书法，如元祐年间，苏轼入朝为相，其书法一时间风靡天下；徽宗朝时，蔡京得宠，立即有很多人争相学习蔡京的书法。而米芾位卑权轻，自然无法与苏轼与蔡京相比，加上米芾行为乖张，因此他学习他的人并不多，只有一些亲友学习他的书法。长子米友仁刻意学习他的书法，可惜只得形貌，未得精髓。

米芾去世十多年后，公元1127年，宋室南渡，宋室皇族在江南建立了政权，是为"南宋"。宋高宗赵构是南宋的第一任皇帝，虽然高宗在政治上昏庸无能，但在艺术方面很有造诣。宋高宗对米芾的书法很是推崇，"米芾得能书之名，似无负于海内"（赵构《翰墨志》）。由于喜爱米芾，高纵提升了他的儿子米友仁，让他专门为内府鉴定书画。宋高宗非常赞赏米芾的字，在禁中刻了十卷米芾的书法——《绍兴米帖》，包含了米芾的篆书、隶书、楷书、行书各个字体。在皇帝的带动下，一时间，学习米书蔚然成风，此时，皇家大量收藏米书，民间也兴起了一股刻米帖的风气，这也间接保存了米芾的书法，现存的米书丛帖《松桂堂帖》、《英光堂帖》等皆刻于此时。米芾的书法在南宋流传的很广，得到很多文人由衷的赞叹，也影响了陈淳、吴琚、范成大、张孝祥等一些文人。这其中学得最为神似的是吴琚，他是太宁郡王、卫王吴益之子，宋高宗吴皇后之侄，世称为"吴七郡王"。吴琚很欣赏米芾的书法，在镇江任职时，在北固山上留下了"天下第一江山"

的石刻，"书绝似米元章"（董其昌语）。范成大"字学山谷、米老，韵胜不逮而劲健可观"，张孝祥以颜书功底而习米，书风恣肆。金朝的王庭筠学习米芾的行书，然而笔力不够，稍显轻佻。

米芾天资过人，加上在书法上付出了超乎常人的心力，是在深厚书学基础上的自成一家。而后世往往过分学习其纵横恣肆之势，却未学到米芾书法自然蕴藉的风范，因而显得内涵不足，没有太多新意。南宋书家学米，已逐渐走向负面，后世更是慢慢流于弊端。

米芾的书法对元、明以后影响较为深远。在元代袁桷的《清容居士集卷》中这样评价道："元章壮年学萧诚书，后学段季展，最后悉意师褚河南，其体三变，晚复规模大令，往往行书为长。"又说："中原诸贤所见《周官》盖行书也，草书之变始张旭，行书之变由米老。"对米芾的行书发出了由衷的赞叹，并且从他的书法也可以看出向米芾学习的痕迹。袁桷的《雅谭帖》通篇以行书为主，夹杂少许草字，帖中"运、审、能、来"等字明显带有米芾的影子，深得米芾"风樯阵马，沉着痛快"之旨。元末明初的杨维桢，明代的祝允明、文徵明、徐渭、董其昌、傅山等人，清代的王文治以及京江画派画家的书法都学习米书，或多或少地受到了米芾书法的影响。据董其昌所说，连元代的大书法家赵孟頫都曾经学习过米书。只可惜，元、明时期，一些学米之人，功底不够扎实，又一味地学习米芾的"纵逸"，没有内涵的支撑，反而流于拖沓、险涩，成为了一种不好的风气。

米芾的书法表现出沉着痛快而又典雅蕴藉的审美特点，具有强烈的艺术个性，得到了后世很多文人学士的喜爱，影响深远。在当代，也得到了众多学书者得喜爱，师法米芾书法的人有很多，米芾的书法得到了广泛的传播。

七、米芾的绘画

1. "米氏云山"

"米氏云山"是米芾及其长子米友仁开创的一种山水写意画派。"米氏云山"不再刻意地表现山峰的高峻，树木的纹理细节等，而是概括地表现景物，更注重画家内心感情的抒发，以水墨点染，轻描淡写，创造出一种烟云缥缈、雨雾弥漫的水墨淡远之境。

米芾开创了以水墨点染的"米点山水"的画法，即以大小不一的圆形横点来塑造山石、云烟。"米点"后世被称为"落茄皴"，这是米家山水最显著的特征。米友仁子承父业，将这种画法发扬光大。米芾的山水画迹几乎不存在于世。目前唯一能见到的米芾画作——《珊瑚笔架图》，也很难说是真正意义上的"米画"。此画画一珊瑚笔架，笔架左边写"金坐"二字，然后加上了米点和题款。现在对米芾山水画的研究，也只能从米友仁现存的作品来领略一二了。

米芾开创"米点云山"的画法绝非一朝一夕之功。米芾天资卓越，早期经常经常临摹名家书画，练就了较好的基本功。二十四岁时，在桂林所画的自画像，精工入微，从细处着手，此时，

米芾画画还是注重写实的。据李日华《六研斋笔记》记载："米元章画，余尝见……又见其着色细润山水，如王右丞、李营丘者。又见其写松枝，针鬣纤劲可数，而偃仰取态者，皆精工入微，无一豪自恣。"可见，米芾早期，还是以写实为主，并非泼墨写意的画风。而且，年轻时，米芾更崇尚奇巧，这种"平淡自然"的画风追求应该与其崇尚晋人高古的风范有关，所以，应是在中后期慢慢形成的。米芾在润州待了很长一段时间，润州的烟山云水，熏陶着米芾，对他的画风形成有很大的影响。元符二年，时年 49 岁的米芾作《云山图卷》，在此画的题跋中，明确提出"泼墨"一词："《云山图卷》素笺本，墨画。款识云：元符己卯，无事坐雨海岱楼，遥望烟江渺茫，云山重叠。草木蒙茸，人家隐见，恍然会心，乘兴泼墨。"（《石渠宝笈》）从此处可以看出，米芾此时的画风已呈现出"随意泼墨"的写意特点。米芾在《画史》中，说"李公麟病右手三年，余始画。"应该是说从此时起，他独特的水墨写意画风形成了。《画史》成书于晚年，再联系米芾的晚年的书法特点，米芾的山水写意画风应于中后期才形成。晚年，米芾学颇得"禅意"，米芾"米氏云山"画风的形成与佛学思想的影响有关，米芾对"平淡天真"的推崇是符合佛学"明心见性"的审美趣味的。

米友仁"承其父法，稍加己意，略有所变"，对米芾的山水写意画风有继承，也有发展。在米友仁的发展下，"米家云山"开始崭露头角，在画史上留下了浓墨重彩的一笔。米友仁 33 岁时，时任书画学博士的米芾将米友仁的画作《楚山清晓图》进献给宋徽宗，徽宗很喜欢，米友仁以擅画名动天下。在米友仁留下的《潇湘奇观图卷》《云山得意图》《潇湘白云图卷》《溪山烟雨图轴》等画作中，《潇湘奇观图》是其最有名的代表作品之一。此

图开卷便是用舒缓柔和的淡墨线勾出的大块白云，在烟云的掩映下，隐约可见远处的山脚，随着云气的变化，山形逐渐显露，远处峰峦在层层白云中若隐若现。中段主峰耸起，近处的坡岸坡岸、溪水、树丛，都用勾、点概括画出，隐隐约约，宛若润州山水之形，有远有近，层次清晰；末段一转，山色又隐入淡远中，给人以绵延不绝之感。画面上云雾出没，烟霭弥漫，对山峰、江水、树木并未作具体细致地描写，山石和树木都用水墨信笔点染，水墨湿润，浑然一体。此图已经完全摒弃了宋初以来山水画中刻画山石质感的"皴擦法"，注重的是营造江南山水烟云迷蒙的整体氛围，并不刻意写实，追求的是苍茫雨雾中自然界的特殊韵致，更注重意境的表现。

米家山水更重视画面的整体意境，这在米芾的《画史》中得到了证实："又以山水古今相师，少有出尘格者，因信笔作之，多烟云掩映树木，不取细，意似便已。"他并不遵循法度，力求形神兼备，而是信笔作之，只求意似。

"米家云山"追求意似，通过胸中丘壑，借物写心，重视画家内心情感的抒发，这与与米芾崇尚晋人风范以及晚年学禅有所得有密切的关系。与偏好自然流露的书法一样，对天真自然的前人画作，赞赏有加。董源、巨然是五代时的画家，在米芾之前，他们的画作并未得到多大的重视与赞赏，而米芾却对二人的画作，赞誉有加。

　　苏泌家有巨然山水，平淡奇绝。
　　巨然师董源，少年时多作矾头，晚年平淡天真。
　　巨然学董源，岚色清润，布景得天真多。

余家董源雾景横波全幅山骨隐显，林梢出没，意趣高古。

　　董源平淡天真多，唐无此品，在毕宏上，近世神品，格高无与比也，峰峦出没，云雾显晦，不装巧趣，皆得天真。

　　董源峰顶不工绝，涧危隆幽壑荒，迥率多真意。

——《画史》

　　米芾之所以重视董源与居然的画作，就是因为二人的画风平淡天真、意趣高古、迥率多真意。在米芾的论书诗中，也表达了对二人的喜爱。自米芾之后，董源画作的价值得到了认可，从董源到米氏父子，切实践行了王维所提倡的"禅意"，是"南宗"山水画真正的开派人物。

　　米芾说自己的画作是信手而作，米友仁也常称自己的画是"墨戏""笔戏"，这种信手拈来的方法，使得画家能够自由地宣泄心中的感受，以简洁的画法，描绘出层次分明的心中山水。米家山水是描山摹水，更是抒情写意的表达。"心悟"是米氏父子非常重要的绘画思想。所谓"心悟"就是绘画者必须遵从内心的感受，表达创作者主体的思想、精神，而不是为了形似山水而作画。这种将创作者内心置于重要地位的思想，大大了拓宽了文人山水画的意境空间，也更符合文人的审美趣味。因此，对后世影响深远。

2. 米家山水的传承与发展

　　米家山水天真自然，信手而作，技法似乎并不复杂，但这种

平淡自然非一日之功。这是在广泛的积累，以及对山水本质把握的基础上，以极其熟练的笔法画出，非刻意而为，其平淡高远的意境，非语言所能述其妙处。这样的画法，在当时以写实画风为主的画坛掀起了轩然大波，也改变了中国山水画的历史进程。"米氏云山"不仅创造了一种新的画法，而且转变了绘画的艺术思维方式：由写实转向写意，由客观对象转向主观精神。

在北宋时期，写实画风处于鼎盛时期，这种画风作画讲究法度，重视形神兼备，风格细腻，力求画面的厚重感和质感。米氏父子的水墨淡远之致并没有得到广泛的认可和传播，只有知己、亲友才学习其画法。

米芾的好友蔡肇曾经学习他的画风，颇得神韵，因为太相似，还曾经被人改款充当米芾的画作。米芾的女婿吴激也曾经学习米芾的画风，吴激"工诗，能文字，画俊逸，得芾笔意。"

南宋时期，由于皇帝高宗对米芾书法的喜爱，重用了米友仁，大大提升了米家山水的地位。米芾的画得到了重视，赞美的人很多，张澂在《画录广遗》中称赞米芾的画为"本朝第一"。当时，米芾的画因为稀少而变得贵重，受到了士人的追捧。据陈亮《龙川文集》记载"元章以晚辈一旦驰骤诸公间，声光烨然"。南宋时的文人画，愈加重视文人内心情感的抒发。

学习米芾书法的吴琚、王庭筠也都学习过米芾画风。元代时期，写实画风衰落，文人山水画进入了鼎盛时期。元代，"南人"受到了歧视，文士们在心理上也难以接受异族的统治，因此，不愿出仕，而是寄情于山水，以吟诗、绘画排解情感。重视内心感情抒发的"米氏云山"得到了文人的共鸣。元代的高克恭，身居高位，是米氏山水画风的一位重要继承者。在技法上，高克恭多用水墨横点之法，使山势高远。他在写实画风的基础上学习米家山水，用米芾之法画北方雄伟挺拔的大山，使南北画法融合、统一，气势磅礴。

明清时期，在董其昌、查士标、陈道复等大画家的传承下，米家山水成为了文人山水画的一支重要流派。尤其是董其昌，对"米氏云山"倍加推崇，他对米芾绘画思想的理解，也深于前人，是真正读懂米芾的人。他理解了"米氏云山"中的禅境，而且他深知，对于米家山水，并不应该仅仅只是学习技法，而应该学习其"心悟"，看到了本质。对于那种只学米氏父子绘画技法的文士，董其昌是相当看不起的。"近来俗子点笔便称'米家山'，深可笑也。元晖睥睨万古，不让右丞"（董其昌《容台别集》），对米家山水颇有心得的他，在作画时，注重表达内心情感，并不追求与米氏父子的画作完全形似。董其昌提出的"南北分宗说"对清代绘画思想有深远影响，他推崇的"米氏云山"也因此在清代得到了长久的关注。

清初，山水画家龚贤，学习二米的技法，与米家山水相类似。近现代，水墨写意山水也受到了重视，这与"米氏云山"是分不开的。

米家山水在格调、意趣、笔墨形式等方面，为文人山水画树立了典范，拓宽了绘画空间，在中国绘画史上具有重要的意义。只是在后世的发展过程中，有的画家往往只摹其形，而没有体会到米家山水的精髓，因为没有内涵的支撑，米氏父子简易自然的画风往往流于"草率"，受到了很多批评。但总的来说，米氏父子开创的"米氏云山"对中国绘画的贡献是巨大的。

八、米芾的书画收藏、鉴定

1. 书画鉴定

　　书画收藏鉴定的传统古已有之，在前朝的很多著作中，都有关于品评书画的记述。北宋建国后，实行"重文抑武"的国策，大力推动了文化的发展。北宋的第二任统治者——宋太宗，是一位喜爱艺术，多才多艺的皇帝，喜爱收藏书画，征收典籍。自宋太宗开始，北宋历代帝王都延续了这一传统，喜好书画，并且逐渐升级，到了宋徽宗时期到达了顶峰。宋徽宗在政事上无所建树，是一个昏庸的皇帝，但是在艺术上，颇有追求，他自创了一种书法字体，被称为"瘦金体"。宋徽宗酷爱艺术，在位时将画家的地位提到在历史上的最高地位，下令成立了翰林书画院，并广收古物和书画，并使文臣编辑《宣和书谱》《宣和画谱》等书，大大地推动了书画艺术的发展。在徽宗皇帝的倡导下，贵族、士大夫文人纷纷效仿，欣赏、收藏书画成为了一种潮流。在这股潮流的影响下，京城的酒家、茶楼都挂上字画来招揽顾客，除了专门的书画店以外，集市上也有很多出售字画的摊位，书画市场发展得如火如荼。在这种情况下，一些唯利是图的商人开始投机取巧，临摹作伪，再加上一些假的图章、题款，然后流入市场。就这样，赝品字画充斥着整个市场，购买的人常常被欺瞒，以高价买下了赝品。造假风气太盛，需要书画鉴定大家来一辨真伪，再加上战乱，很多前人书画家的作品都被弄混，分不清是谁的作品，此时，就需要精通书画学的人来进行甄别、比较，以免张冠李戴。当时，出现了很多书画鉴赏家，米芾就是当时一位卓越的鉴定大家。

米芾学识渊博，根基深厚，对于书画的鉴定，形成了一套自己的思想和方法，在著作《书史》《画史》《宝章待访录》中，就记载了很多这样的方法。米芾辨别书画的真伪，不单单只是从字迹或书画门类方面进行简单的判定，而是细致地考量题跋、印章、纸绢材料、风格等等，同时从不同朝代的不同书画工具、材料和服饰来进行综合判断。

米芾鉴别书画往往依据书画的题款、印章。据《书史》记载，"画可摹，书可临而不可摹，惟印不可伪作，作者必异。王诜刻'勾德元图书记'，乱印书画，余辨出'元'字脚，遂伏其伪。木印、铜印自不同，皆可辨。"在米芾看来，印章是很重要的辨伪工具，书迹、画迹或可临或可摹，只有印章"不可伪作"，不管是木印，还是铜印，各不相同，从印章就可以看出是否是作伪。米芾通过印章和题款判别了不少作品。

　　长沙富民收水鸟芦花六幅图，乃唐人手，妄题作韦偃，押字后人题也。

　　余昔购丁氏蜀人李升山水一祯，细秀而润，上危峰，下桥涉，中瀑泉，松有三十余株，小字题松身曰："蜀人李升。"

——《画史》

　　中贵高楼杨氏收数帖，萧思话表一，思话字有钟法，此乃无，而武帝批答四字，君臣笔气一同，纸古，后破前完，

此是唐人所为，然亦佳作，今人不能为也。又王钟书真草是
真迹，有钟张法。张翼当是作宋翼，魏人，非真。又阮研草帖，
奇古，非伪。又一帖如竹片书，亦好事者为之，并无古印跋
可考。"

——《书史》

题款简单明了，很容易辨别，作伪者也常常在题款上作文章，若
学识浅薄，也不容易辨别。而印章不好作伪，因而是辨别书画年代的
重要依据，后世的收藏印在书画鉴定方面也担当者重要角色。米芾很
重视印章的作用，他将自己所收藏的作品的质量以印章的方式划分出
了出了等级。

　　余家最上品书画，用姓名字印、审定真迹字印、神品字
印、平生真赏印、米芾秘筐印、宝晋书印、米姓翰墨印、鉴
定法书之印、米性秘玩之印。玉印六枚：辛卯米芾、米芾之印、
米芾氏印、米芾印、米芾元章印、米芾氏。已上六枚，白字，
有此印者皆绝品。玉印唯着于书帖。其他用米姓清玩之印者，
皆次品也，无下品者。其他字印有百枚，（虽）参用于上品印也。
自画古贤唯用玉印。"

——《画史》

通过印章的不同来区分是"绝品"、"上品"，还是"次品"，
可见米芾对印章的重视与喜爱，米芾已生收藏了许多印章。

印章和题跋是比较明显的区分方法，除了这种方法，米芾还通过
书写材料纸绢的质地、新旧来判定书画的朝代。在《书史》中，他说道：

"真纸色淡而匀静，无杂渍、斜纹，皱裂在前。若一轴前破后加，新甚众。薰纸烟色上深下浅。染纸显色，纸纹栖尘。劳纸作茧纹，软。"《画史》又云，"真绢色淡，虽百破而色明白精神，彩色如新，惟佛像多经香薰损本色。"通过纸绢，米芾辨别出一卷六朝的黄素《黄庭经》，指出其并非唐人伪作。

> 又黄素《黄庭经》一卷，是六朝人书。绢完，并无唐人气格。缝有书印字，是曾入钟绍京家。黄素缜密，上下是为丝织成栏，期间用未墨界行。卷末跋台仙二字，有陈氏图书字印，及钱氏忠孝之家印。陶谷跋云："山阴道士刘君，以群鹅献右军，乞书《黄庭经》，此是也。
>
> ——《书史》

米芾鉴定书画的另一个方法就是依据书卷、画卷的整体风格。不同的书法家、画家笔法不同，所创造出的风格也就不尽相同；不同地区的画作也具有不同的风格，这些都可以作为鉴定书画的依据。

> 古书画皆圆，盖有助于器。晋唐皆凤池研，中心如瓦凹，故曰研瓦，如以一花头瓦安三足而。墨称螺制，必如蛤粉，此又明用凹研也。一援笔，因凹势锋已圆，书画安得不圆。本朝研如心平如砥，一援笔则扁，故字亦扁。
> 宗室仲义收古庐山图一半，几是六朝笔。位置寺基与唐及今不同。石不效，林木格高，挽舟人色舟制非近古今，所惜不全。
> 董源平淡天真。

> 王防字符规家二天王，皆是吴之入神笔画。行笔磊落，落笔挥霍如芭菜条，环润折算方圆凹凸，装色如新，与子詹者同一。
>
> ——《画史》

晋朝、唐朝与宋朝所用的砚台形状不同，因而笔势也不相同，晋唐字圆而宋朝字扁，不同朝代的笔势都不同。另外，同一朝代，画家的笔法不同，风格也不同。

米芾细致入微，往往能见常人所不能见之处。在论书画诗《太师行寄王太史彦舟》中捕述了这样一件事：在王汉之的筵席上，他以一句"绢标问是褚公写"，指出王彦舟出示的《东晋十三帖》中的第十一件是唐初褚遂良的书法作品，而并不是东晋原作。此语一出，语惊四座。又一次，收到刘泾的信，询问所收之帖究竟为何人所作，米芾从宫女的神态、武士的装扮，判定为六朝陈子鸾的作品，足见米芾在鉴定书画方面功力深厚。

米芾鉴别书画的方法还有很多，如根据避讳字等等，此处不一一列举。米芾之所以能在众多鉴定家中脱颖而出，与其深厚的书画修养有关。米芾在书画上下过苦功，摹写过很多晋、唐名家的作品，他天资卓越，临摹的作品不仅形似，而且神似，抓住了原作的神韵和精神。以至于很多临摹的作品都被当作了真迹，据《书史》记载：

> 余临大令法帖一卷，在常州士人家。不知何人取作废帖，装裱以与沈括。一日，林希会章淳、张询及余于甘露寺净名斋，各出书画，至此帖，余大惊曰："此芾书也。"沈悖然曰："某家所收久矣，岂是君书。"余笑曰："岂有变王不得认物耶！"

　　米芾临摹的王献之的书法，竟被沈括当作真迹收藏，米芾当场指出，却惹得沈括不快。由这件事也可见米芾学养之深了。

　　书画修养深厚是米芾鉴定书画水平卓越的一个重要原因，此外，有作伪的经验也是米芾辨伪的一个重要原因。米芾"巧取豪夺""以假易真"的事情在朋友圈里不是什么秘密，苏轼还曾作诗揶揄他，林希也曾置"赝品河豚宴"来取笑米芾。米芾的作伪经验还是很丰富的，常常让真迹的主人分不清楚真假。米芾的好友也有作伪的，如刘泾，据《画史》记载：

　　　　余昔购丁氏蜀人李昇山水一帧，细秀而润。上危峰，下桥涉，中瀑泉，松有三十余株，小字题松身曰"蜀人李昇"，以易刘泾古帖，刘刮去字，题曰"李思训"，易与赵叔盎。今人好伪不好真，使人叹息。

　　可见，当时作伪是一种风气，正是米芾善于作伪，了解作伪的方法，因而能够从细处入手，辨别真伪。

　　米芾鉴定书画，辨别真伪的水平很高，还因此担任了书、画两学的博士，专门主持皇宫内府所收藏的书画的鉴定工作。米芾在鉴定书画方面也得到了许多成果。唐太宗喜爱"二王"的书法，因此，唐代宫中收集了很多"二王"书迹，到了宋代，这些藏品更是鱼龙混杂，真假难辨，米芾就指出这些书迹中，其实很多已经是赝品，独具慧眼。米芾除了将自己的藏品一一辨伪，并分门别类。同时还将《淳化阁帖》所收的藏品进行了辨伪。《淳化阁帖》是宋太宗命翰林侍书王著编成的一部汇集各家书法墨迹的法帖。收录了中国先秦至隋唐一千多年的书法墨迹，包括帝王、臣子和著名书法家等103人的420篇作品。此帖根据内府所藏的历代墨迹编录而成，然而由于年代久远，加上战乱，内府收藏的作品也是鱼目混珠，赝品很多，而王著鉴赏能力不精，导致此帖真假杂糅。后世的文人如苏轼、欧阳修等都对其选编水平提出了批评，但并没有一一进行辨伪。米芾则对所收录的作品进行了考证。这在黄伯思《东观余论·法帖刊误》上有记载：

> 唐太宗购王逸少书，使魏征、褚遂良定真伪。我太宗购古今书，而使王著精辨，确定为法帖，此十卷是也。其间一手，伪帖太半。甚者以《千字文》为汉章帝，张旭为王子敬。以俗人学智永为逸少。如其间以子敬及真智永为逸少者，尤不失为名帖。余尝于检校太师李玮第，观侍中王贻永所收晋帖一卷，内武帝、王戎、谢安、陆云辈，法若篆籀，体若飞动，著皆委而弗露。独取都惜两行入十卷中，使人慨叹。又刘孝孙处见柳公权所收跋子敬《送梨帖》，然于太宗卷中辨出，乃以逸少一贴连在后，而云"又一帖"，不知为逸少也。公权唐名家尚如此，顾何议者。今长安李氏所收逸少帖，贞观所收第一帖，著名已非逸少真迹，馀可知矣。
>
> ——米元章跋《秘阁法帖》

米芾对自身的鉴定水平很有自信，在他眼里，仅有几个人能算的上真正的鉴赏家，而很多人都只能算是"好事者"。当然，他的鉴定权威性在北宋时期是公认的，他的《书史》《画史》中提到的书画鉴定方法对后世也有深远的影响，后世书画鉴定者也继承了米芾重视考辨、笔法、款印、避讳、书画工具和材料等在书画鉴定中的作用。清代的张丑更是说到："造《清河书画舫》传诸雅士，不令海岳庵《书画史》独行也。"可见，米芾的鉴定方法对后世影响之深。直至今日，他鉴定书画的思想与方法也仍然具有现实意义。

2. 米芾收藏

米芾酷爱收集书画，为了心爱的书画名迹，或倾其所有，或巧取豪夺，或典衣增值，或以命相逼，总之是用尽各种手段与方法，到了痴狂的地步。他收藏的藏品藏于宝晋斋，不仅数量丰富，而且质量上乘，天下有名。米芾收藏的书画涉及很多门类：山水、人物、花鸟、佛道，历代法书名帖，其中对法帖更是偏爱有加。

据米芾《画史》记载："余家晋、唐古帖千轴，盖散一百轴矣。今惟精绝，只有十轴在。有奇书，亦续续去矣。晋画必可保。盖缘数晋物，命所居为宝晋斋身至则挂之当世不复有矣。"可见，米芾的收藏是颇为丰厚的，其中，收古画最多。《米南宫秘玩目》所列的数十件藏品，分别是：王羲之《初月》《尚书》二帖、王献之《中秋帖》、陶弘景《朱阳帖》智永"四帖"（一帖分与刘巨济）、欧阳询《度尚》、《庾亮》二帖、张长史《秋深帖》、张长史绢帖。颜真卿《朱巨川告》、怀素《去夏帖》、司空图《赠广利歌》、吴融《赠广利歌》，杨凝式《昼寝帖》、杨凝式《大仙帖》、梁摹《乐毅论》、唐摹《十七帖》。

据此就能看出，宝晋斋所藏的多是晋朝、唐朝以来的绝世珍品。这份秘玩目录中居然有两件摹本，可见，米芾在收集书画时，并不只是以真迹作为评价书画精妙与否的唯一标准，他更看重的是作品本身的意境。这一点，着实让人佩服，米芾确实是一个有思想、有见地的收藏家，绝不人云亦云。

实在让人想不到的是，米芾一生穷困，曾到了"冬至无衣"，"三年不制衣"的地步，他竟然能有如此多的精妙收藏！他的好友刘泾曾以一首诗概括了元章的状况，"元章心自鉴秋月，一路仍行九霄上。家时菜色无斗米，书画奇奇世人望。"可以说，米芾收藏书画到了忘我的地步啊！

从小时候，米芾就显示出了收藏字画的倾向，他的母亲不仅不反对，还"授以首饰使购之"。在母亲的鼓励下，米芾愈发喜爱收藏字画。后来，米芾常常与人交换字画，以得到心仪之作。据《画史》记载，"余家收古画最多，因好古帖，每自一轴加至十幅以易帖。大抵一古帖，不论贵用，及他犀玉琉璃宝玩无虑。十轴名画，其上四角皆有余家印记，见即可辨。"与人交换是米芾常用的方法，及至无法交换得到心爱的字画时，米芾往往倾家荡产的购买，得不到就会念念不忘。

在购买王羲之的《破羌帖》时，米芾倾其所有还是不够，于是当掉衣服来购买此帖，可是当他回来时，此帖已被"庸工装背减损，古跋尾参差差矣"（《书史》），米芾为此痛惜良久。

当然，实在是无路可走，米芾也会采取极端的方式。一次，米芾为了得到心仪了十四年之久的《八月十五日帖》（《晋贤十四帖》之一，东晋谢安之作），不惜以死来要挟好友蔡京，终于得到了此帖。其他如"以假易真"等方法，对米芾来说也是常事。虽然说米芾收藏字画的一些方法值得推敲，可是，他一生痴迷书画的那份心意确实是无人能比的了。用米芾自己的话说就是"余平生嗜此，老矣，此外无足为者。"书画可谓是米芾毕生的追求啊！

米芾收藏书画绝不是为了"获利"，而是单纯地为了考证所需，大多是用来自己欣赏。

在《画史》中，他表示，他常常会刻意收集一些特定的书画，"以示鉴者"。

范宽师荆浩，浩自称洪谷子。王铣尝以二画见送，题云："勾龙爽画。"因重背入水，于左边石上有"洪谷子荆浩笔"字在合绿色抹石之下，非后人作也，然全不似宽。后数年丹徒僧房有一轴山水，与浩一同，而笔干不圆，于瀑水边题：一华原范宽，乃是少年所作，却以常法较之，山顶好作密林，自此趋枯老，水际作突兀大石，自此趋劲硬，信荆之弟子也，于是以一画易之以收以示鉴者。

余家收唐人麻纸画扬子云，腰间下悬一觿觥，细转条索。蒋永仲收古铜觿觥，其形势骨颜，凹凸全备，转旋条索，亦如余家画，遂以帖易去以证，谓之子云觥。

——《画史》

据这两则记载可知，米芾有的收藏是为了考证，有心为之。

除了考证与自己欣赏以外，米芾也常常将自己的收藏与好友刘泾、王诜、薛绍彭等进行交换，互相交流。

书画不可论价，士人难以货取。所以通书画博易，自是雅致。今人收一物，与性命俱，大可笑。人生适目之事，看久即厌；时易新玩，两适其欲，乃是达者。

——《画史》

米芾推崇文人之间的书画流通，他认为不该将自己的收藏永远只作私有。他的很多收藏都被朋友借去未还，他也并不十分在意。

当然，米芾并不会轻易地给人看他的"铭心绝品"，他将自己的收藏都分了类，那些印着"平生最赏印""平生秘箧印"的"最上品"

是绝不示人的，对于"性暴不可告以情之客"，米芾只会拿出印着"米芾清玩之印"的"次品"来招待客人。而且，观赏时，绝不让客人触碰，不小心碰到了就要清洗一遍再重新装裱，米芾这种举动，也得罪了不少人。

米芾一生在书画上倾注了自己所有的心血，贫困一生却并不后悔，在他看来"功名皆一戏，未觉负平生"，这一生他是非常满足的。他本以为这些收藏可以流传下来，可惜，靖康之难，使他的著作和收藏大多都散佚了，实在令人痛心。

米芾这一生，仕途上并不如意，可他却在艺术的殿堂里获得了永生。性格疯癫，举止怪异，异于世俗的他却是艺术上的天才。诗词文赋，书法绘画，金石鉴赏，他样样精通，并且在"重重包围"的情况下，打出了一片属于自己的天地。专精一门并不难，难得是样样做得好，而且超越前人，自称一家。米芾是北宋文学的一朵"奇葩"，也是中国文学史上的一个"奇迹"，他的书法和绘画都深深地影响了后世的文学家，为他们创造了一个典范。虽然他性格颠狂，不拘小节为后人所诟病，但并不能掩盖他的艺术建树。除了他的书法和绘画，对他的诗歌、辞赋等文学作品我们也应给与更多的关注。谨以此书，表达对这位文学全才的敬慕之情。

附录：米芾年谱

宋仁宗（1022—1063）

皇祐三年（1051），米芾生。父米佐，母阎氏。

嘉祐元年（1056），米芾日读律诗百首，一再过目辄成诵。

嘉祐二年（1057），米芾七岁，开始学习书法。

嘉祐五年（1060），米芾十岁，开始写碑刻，人谓之有李邕笔法。

宋神宗（1067—1085）

熙宁二年（1068），米芾十八岁，跟随父亲至润州丹徒生活。

熙宁四年（1071），米芾二十一岁，经"铨试"授秘书省校书郎，出为浛光县尉。

熙宁六年（1073），米芾二十三岁，题字于药洲九曜石。

熙宁七年（1074），米芾二十四岁，自浛光县尉迁临桂尉。长子友仁生。

熙宁八年（1075），米芾二十五岁，十月前在临桂尉上，十月补长沙掾，后为荆湖南路安抚使谢景温幕僚。

元丰三年（1080），米芾三十岁，正月与广慧道人游览湖南岳麓寺，并在李邕《麓山寺碑》侧题名。焚尽之前所作诗文。

元丰四年（1081），米芾三十一岁，在长沙掾上，后离职。游历惠州、庐山。

元丰五年（1082），米芾三十二岁，正月结识画家李公麟于山阴。秋天访苏轼于黄州。

元丰六年（1083），米芾三十三岁，应刘庠金陵从事之征，往金陵。识王安石于钟山。后任杭州推官。

元丰八年（1085），米芾三十五岁，神宗崩，哲宗即位，司马光为相，废除新法。任杭州从事，丁母忧，去职，扶灵柩归丹徒，途径苏州，与卢革、黄挺、程师孟、郑方平、徐九思等人九老会，作《九隽老会序》。

宋哲宗（1085—1100）

元祐元年（1086），米芾三十六岁，撰《宝章待访录》。

元祐二年（1087），米芾三十七岁，服满丧期，赴京师，六七月间与苏轼、苏辙、黄庭经等十六人集于王诜西园，作《西园雅集图记》。

元祐三年（1088），米芾三十八岁，游湖州、常州等地。

元祐四年（1089），米芾三十九岁，在扬州。六月，苏轼、章资平来访。改任润州（今江苏镇江）州学教授，居于"净名斋"。

元祐五年，（1090），于润州建西山书院。

元祐六年（1091），米芾四十一岁，改名"黻"为"芾"。长子米友仁应举，米芾作诗《送大郎应举》。

元祐七年（1092），米芾四十二岁，授宣德郎，知雍丘县令。

元祐八年（1093），米芾四十三岁，八月访贺铸于京师。九月，太皇太后高氏卒，哲宗亲政。十月，贺铸过雍丘访米芾。

元祐九年（1094），米芾四十四岁，由雍丘县令改监中岳庙。

绍圣二年（1095），米芾四十五岁，监中岳庙，六月客居扬州，八月观钱塘潮。

绍圣四年（1097），米芾四十七岁，监庙任满，赴任涟水军使。

元符三年（1100），米芾五十岁，甘露寺大火。赴京求职，小女走失。赴真州任江、淮、荆、浙等路制置发运司勾管文字之职。与蔡肇见蔡京于真州。

宋徽宗（1100—1125）

建中靖国元年（1101），米芾五十一岁，皇太后崩，米芾作《皇太后挽辞》。六月于真州见苏轼。八月，闻苏轼去世，作《苏东坡挽辞》。

崇宁元年（1102），米芾五十二岁，非亲母襄阳君卒，米芾回乡丁忧三个月。服丧期满，赴京谋职，德蔡河拨发。

崇宁二年（1103），米芾五十三岁，三月任太常博士。被旨预观《宣和预览》。第三子卒。

崇宁三年（1104），米芾五十四岁，知无为军州事。

崇宁五年（1106），米芾五十六岁，任书画两学博士。后擢礼部员外郎，有言官弹劾而被罢免，出知淮阳军。

大观二年（1108），米芾五十八岁，在淮阳军任上。开春，病重，上书谢事，不允。三月，卒于军廨。逝前作《临化偈》。